基于课程标准的高中语文教学策略探究

公茂峰◎著

线装书局

图书在版编目（CIP）数据

基于课程标准的高中语文教学策略探究/公茂峰著. --北京：线装书局，2023.9
ISBN 978-7-5120-5689-3

Ⅰ.①基… Ⅱ.①公… Ⅲ.①中学语文课－教学研究－高中 Ⅳ.①G633.302

中国国家版本馆CIP数据核字(2023)第172043号

基于课程标准的高中语文教学策略探究
JIYU KECHENG BIAOZHUN DE GAOZHONG YUWEN JIAOXUE CELÜE TANJIU

作　　者：	公茂峰
责任编辑：	林　菲
出版发行：	线装书局
地　　址：	北京市丰台区方庄日月天地大厦B座17层（100078）
电　　话：	010-58077126（发行部）010-58076938（总编室）
网　　址：	www.zgxzsj.com
经　　销：	新华书店
印　　制：	北京四海锦诚印刷技术有限公司
开　　本：	787mm×1092mm　1/16
印　　张：	11.5
字　　数：	225千字
版　　次：	2024年4月第1版第1次印刷
定　　价：	78.00元

前言

语文作为高中学生教育系统的重要组成部分,对于培育学生的文学素养和文学鉴赏能力、提升学生的语言表达能力和自主学习能力都具有非常重要的意义。高中阶段的学生需要学习的内容极多,而课堂教学时间有限,很多教师为了能够在最短的时间内完成教学任务,只能采取对学生死记硬背的方式,但很显然此种方式对学生的语文能力提高起不到好的作用。教师在教学中就要根据班级中不同阶段的学生进行针对性的教学,促进学生综合素质能力的提高。因此,教师在日常的教学活动中要充分改良教学策略,通过一系列行之有效的教学方法切实提升高中语文教学课堂的教学效率,从而实现增强高中语文教学效果的目的。

本书是一本基于课程标准下的高中语文教学方面的专著。首先,从高中语文课堂教学艺术入手,对高中语文课程与教学、高中语文的教学方法以及高中语文教学内容的整合运用进行了分析研究;然后,介绍了在高中语文教学创新思维的培养、基于语文课程的综合性学习及新课程背景下的高中语文教学等方面的实践经验和理论成果;还对高中语文教学中信息技术的应用予以积极探索。本书思想鲜明,论述严谨,结构合理,条理清晰,重点突出,充分体现出高中语文教育教学的最新研究成果;行文流畅易懂,内容丰富新颖,具有较强的学术性、理论性和指导性。

在本书的写作过程中,作者得到了有关专家和学者的大力支持,谨在此表示感谢。作者参阅了大量的相关著作和文献,在参考文献中未能一一列出,在此向相关著作和文献的作者表示诚挚的感谢和敬意,同时也请对写作工作中的不周之处予以谅解。由于作者水平有限,编写时间仓促,书中难免会有疏漏不妥之处,恳请专家、同行不吝批评指正。

目录

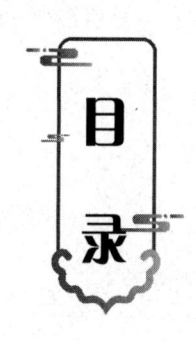

第一章　高中语文课堂教学艺术 … 1

第一节　高中语文课堂教学艺术概述 … 1
第二节　高中语文课堂教学艺术创新的策略 … 7
第三节　高中语文课堂教学语言概述 … 13
第四节　高中语文课堂教学语言艺术的提升策略 … 18

第二章　高中语文教学中的激发与交流 … 25

第一节　高中语文教学的激发 … 25
第二节　高中语文教学的交流 … 33
第三节　高中语文的学法指导 … 41

第三章　高中语文核心素养的培养 … 51

第一节　高中语文合作学习的教学 … 51
第二节　高中语文自主学习的教学 … 58
第三节　高中语文探究性学习的教学 … 65

第四章　高中语文教学内容的整合运用 … 75

第一节　高中语文主题单元教学 … 75
第二节　高中语文整体阅读教学 … 84
第三节　高中语文阅读教学 … 91

第五章　高中语文教学创新思维的培养 …………………………………… 99

第一节　语文教学中培养创新思维的必要性与可行性 ………… 99
第二节　语文思维能力的培养与实践 ……………………………… 102
第三节　语文教学与创造性思维 …………………………………… 110
第四节　语文教学中培养学生创新思维的策略 ………………… 120

第六章　基于语文课程标准的综合性学习 ………………………………… 125

第一节　基于语文课程的综合性学习目标体系 ………………… 125
第二节　基于语文课程的综合性学习的评价 …………………… 130

第七章　新课程背景下学生语言能力的培养 …………………………… 137

第一节　新课程背景下的高中语文写作教学 …………………… 137
第二节　新课程背景下的高中语文口语交际教学 ……………… 146

第八章　高中语文教学中信息技术的应用 ………………………………… 156

第一节　翻转课堂助推高中语文教学的变革 …………………… 156
第二节　现代化技术在高中语文教学中的应用 ………………… 167

参考文献 ………………………………………………………………………… 177

第一章 高中语文课堂教学艺术

第一节 高中语文课堂教学艺术概述

一、课堂教学艺术

艺术是人类以情感和想象为特性，是人的知识、情感、理想、意念综合心理活动的有机产物，是人们现实生活和精神世界的形象表现。课堂教学是素质教育的主阵地，可以说，有效性是课堂的生命。学生学到了什么、得到了什么，这是任何教学改革都必须首先追问和考虑的问题。而课堂教学艺术则是把二者完美糅合为一体，让教师运用语言、动作、表情、色彩、音响、图像（包括文字、符号、图表、模型、实物、标本）等手段，遵循教学规律、运用教学原则，创设教学情境，为取得最佳教学效果而组合运用的一整套娴熟的教学方法、技能和技巧。运用好课堂教学艺术，能充分激发学生的学习兴趣，产生教有所受、点有所通、启有所发、到有所悟的最佳教学效果。所以，课堂教学是一门艺术，更是一门创造性的劳动。每位教师都要重视课堂教学艺术，尤其应引起语文教师的高度重视。

二、高中语文课堂教学的艺术性特征

高中语文教学的核心是运用语言，语文教学的实质是言语教学，其生成规则就是用话语来引导学生理解和掌握言语的成品，从而提高学生的语言运用能力。在高中语文课堂教学中，教师教授的内容大多数是文学作品，根据大多数文学作品这一教学内容，可以归纳概括出高中语文课堂教学的艺术性特征：

（一）情感性

语文教学区别于其他学科教学的特殊之处，在于语文的教学内容大多来源于文学作品。文学作品，是作家结合自身的生活经历，赋予作品以丰富的情感，使读者在阅读的过程中产生一种情感上的共鸣。因此，语文教师在教学中，应该饱含深情，引发学生的思考，进而在情感上感染学生。文学是一种人的学问，它的主要研究对象是人，人的内在品质，作家通过生动的描写来表现不同的人物命运，他们有的幸福美满、有的遭遇悲惨、有的壮志难酬、有的一生庸碌等等，作者所塑造出的人物形象来源于生活。除了文学作品本身具有丰富的情感外，在教学中，语文教师也应该饱含充沛的情感。教师首先要被作品所吸引、所感染，对不同的文章应该具有不一样的情感，进而结合自身激情的讲述，将文章中所蕴含的情感传递给学生，使学生得到情感上的启发。在语文教学中，如果教师能够使课堂教学感染人、启发人、影响人，引起学生情感上的变化，那么学生就会对语文学习产生兴趣，进而引发学生们的思考，提高学习语文的积极性，提升语文能力。

（二）审美性

文学是我们对人生的一种审美认识。文学作品通过形象的语言、丰满的人物形象、丰富的故事情节等向读者展示出人真实的存在，用以满足人类的精神需求。在高中语文教学中，教师应该善于捕捉到具有审美价值的作品，通过这些作品，使学生与作家进行深入的交流，激发学生的审美情感，引起学生的兴趣，培养学生对美的追求。文学的审美意识形态，既有个性又有共性，在文学的审美描写中，就会表现出人类普遍的情感和愿望。教师应该善于捕捉这些美的品质，进而用这种品质去影响和感染学生。教师自身要具有敏锐的观察力，有丰富的美学知识，善于为学生创设出美的氛围，可以把在外出旅游中发现和感悟到的美的地方，讲给学生听，把这种美的情怀渗入到学生的思想中去，培养学生美的品质。

在教学中，教师应该针对不同体裁的内容设置不同的讲授方式，把语文所具有的特殊性发挥出来，教学时注意教学中的语言美、节奏美、板书美等等，把对美的追求达到一定的高度。那么，这样的语文教学势必是一种美的艺术享受，这样的教学也一定会吸引学生的注意，提高学习语文的热情，学生在爱学语文的过程中，不但培养了他们的审美品质，而且还陶冶了他们的情操。人类需要文学，它是人的精神花园，虽然它不能带来任何的物质需求，但是它却能陶冶情操、呵护人的心灵，对人的情感有一种积极的影响作用。因此，对于现在的高中学生来说，就应该注意提高自身的审美，热爱语文的学习，体验文学作品中的艺术美感。

（三）形象性

文学通过形象来反映生活，这就要求作者善于捕捉到特殊的特征，只有这样，文学世界的形象才能够丰富多彩。那么，在语文教学中，教师要善于抓住作品形象性的特征进行教学活动。

首先，形象性是再现与表现的统一。再现是对客观事物的反映；而表现是作家自己的表现，反映了作家的判断和情感，由于艺术形象总是通过作家的审美经验来体现，所以作者的主观情感影响着客观现实的选择，正因为如此，同样的事情，不同的人会有不同的看法，心境不同，那么艺术形象也不同。

其次，形象性是个别与一般的统一。艺术重要的描写是对个别事物的描写与把握，文学通过形象反映生活，这要求作家善于发现个别的特征，使文学世界更加丰富。文学总是通过个别的感性形象，反映作家对现实社会的认识与理解，这又变成了一般的认识。因此，若没有统一的认识来统领全文，艺术形象就会干瘪；若只注重一般认识，那么艺术形象就会显得模式化。在高中语文教学中，有很多这样的教学实例。

在语文教学中，教师应该善于发挥自身的魅力，善于抓住文学作品形象性的特征，使教学内容中的形象性跃然纸上，带给学生一种美的享受、思想的洗礼和情感的陶冶。

（四）趣味性

人们常说，兴趣是最好的老师。但是在目前的语文教学中，很多学生缺乏对语文学习的兴趣，不爱上语文课，认为提高语文成绩很难，因此，在语文学习上不愿意投入太多的时间。

在教学中，语文教师应善于使用风趣的教学语言以及吸引人的故事等，吸引学生的注意，提高学生的参与热情。提升语文教学的趣味性，需要语文教师在教学设计中多引入一些学生感兴趣并且很有特色的教学内容，这样做不仅能提高学生对语文的学习热情，而且还可以提高教师自身的语文教学能力。

（五）深刻性

语文课区别于其他学科的最主要特征是它具有深刻性。语文课不像数学课，只要讲述好一种类型题的解法，在下一次遇到同一类型的题时，就会找到解答这道题的方法，可以说数学教的是一种方法、一种策略；语文课也不像化学课，只要多做些实验，掌握一些必备的化学式，就可以学好化学；语文课也不像历史课，多掌握一些历史事件的发生时间、地点、缘起、结局等，就可以对历史的脉络进行系统的梳理。语文所具备的深刻性特征要求教师在语文教学中，对所教授的内容可以提炼出深刻性的部分进行深入的讲授，引起学生们的思考和共鸣。语文教学的特殊性决定了语文教学的深刻性，语文教学的深刻性也是语文教学具有独特艺术性的重要特征之一。

（六）多样性

语文的教学内容包罗万象，它不像物理，只是教授一些解题技巧，不像数学，只是讲授一种解题方式，语文教授社会、人生、未来等无所不包，无所不含。语文教学的方式也是多种多样的，它可以是课堂教学，也可以是课下教学，可以是课内教学，也可以是课外教学。它的教学场所也是多样的，可以在电影院，可以在田间地头，也可以在车间厂房等，通过不同的方式来体验生活，通过这样的方式去学习语文，这样的特殊性也是语文区别于其他学科的特殊属性之一。语文教师可以带着学生一起观看具有教育性的电影作品，看后写观后感，带领学生去一些车间厂房体验生活，体验后写体验作文，这些都是语文能力提高的不同方式。像著名的语文教育家李镇西，就在教学中，带上自己的学生去田间地头，去教授关于农村生活的文章，他在旅行过程中所写的旅行日记，邮寄给班级里的每一个学生，通过这样的方式来带领学生一起体验不同地方的美，使教师与学生共同感受。还有在一些学校，通过创办文学社这样具有文学性质的社团，来激发学生对语文的学习兴趣。只要学习者有心，学习语文的方式就是多种多样的。

正是由于语文学科的特殊属性，语文教师才应该掌握多样性的教学方法，才会体现语文教学的艺术性特征。教师在语文教学中，采用不拘一格、妙趣横生的教学方法，使学生体验美不胜收的教学氛围，这样的语文教学自然具有艺术性。

三、高中语文课堂教学艺术的主要形式

（一）课堂导入的艺术

导入新课是课堂教学中一个不可忽视的重要环节。它是一门教学艺术，融知识性、趣味性、思想性、艺术性于一体。结合教材文本的实际，运用恰到好处的导入设计，可以激发学生的学习兴趣，吸引学生的有效注意。那么，创设教学情境就是语文教学的导入一个

重要环节和手段。在呈现教学内容时，教师要根据语文学科和语文知识的特点，利用适当教学手段，创设、渲染，来激发学生学习兴趣，点燃学生的思维火花，使其主动思考，积极参与，在一定的环境和氛围中，促使学生产生"我要学"的欲望，帮助学生理解文本，达到事半功倍的教学效果。让学生如同身临其境地感知知识，进而达到理解和认识的升华。

（二）课堂教学语言的艺术

语文教师就是要用语言来感染学生。语文课堂语言应该是充满激情，能走进文本、走近作者，和学生在语文世界里同乐同悲，语言要么高昂，要么激愤，要么低沉，要么沮丧……课堂语言还应该是丰富的，富有文采的，让学生感受语言的魅力；课堂语言应该是简练的，不能啰嗦，一针见血，恰到好处。

（三）课堂提问的艺术

课堂上提问方式的巧妙与笨拙，直接关系着课堂教学的成败。唤醒学生读书、思考的欲望，许多时候必须借助课堂上的巧妙提问。教师的课堂提问是通过师生相互作用，检查学习、促进思维、巩固知识、运用知识、实现教学目标的一种教学行为方式。它是教师教学的重要手段，是传授知识的有效途径。提问得法，可以启发学生积极思考，提高学习效率。这就要求教师在学生回答提问时，一定要明察秋毫，善于从学生积极的思维活动中捕捉有效信息，并及时延伸引导，以拓展学生的思维空间。

（四）课堂对话的艺术

课堂就是教师、学生、文本、作者之间相互交流的一个平台，这就要求教师作为平等的一员参与教学活动中，民主地让学生去主动探索、主动发现、主动交流，以致产生思想的碰撞而激溅起智慧的火花。在平等交谈中，让学生摆脱被"牵"的处境，拓宽思维空间，主体意识和独立思考受到鼓励。教师要善于引导，善于点拨，善于调控，灵活机智地处理课堂生成的问题。营造民主、平等、和谐的课堂对话氛围。

四、高中语文课堂教学艺术的优化途径

（一）独立自主的教学个性

语文课堂教学的艺术与教师的个性直接相关。有个性的教师，善于钻研教学规律，容

易形成独特的语文课堂教学艺术。教师的个性意识越强，课堂教学的个人特征就越明显，也就愈能有效地指导学生进行语文学习。教师的个性意识越强烈，相应的教学创新意识就会更加强烈，从而更能够创造性地运用课堂教学艺术各种形式，达到提高课堂教学效果的目的。

（二）独具匠心的个性化教学

个性化教学是一种新的教学模式，它是一种有超前意识、与众不同、不拘泥形式的教学方式。这样的课堂教学，教师敢于打破原有的课堂教学模式，对各种课堂要素赋予新意，并加以创造性的组合，不拘泥于教参，不束缚于经验。个性化教学要求教师用自己的个性演绎课堂教学的个性，用自己的个性和特长进行课堂教学的再创作。个性化的教学，其中的重点在于引导以及启发，并不是传授。教师不能够偏执于"教"，而是要更注重学生的"学"。个性化教学的重点就是通过教师塑造的课堂环境，来帮助学生在一种优良的氛围中去学习。而学生在这样的模式之下，才能够有个性化地学习，才能够实现知识的更新，最终才能够掌握并且达到创造新知识的这一个理想的目标。

（三）开放性质的语文教学

语文课堂上的开放性质，能够让师生之间有互动的作用，实现共同进步以及共同发展。在学生的眼睛里面，教师不拘束于只是一位严肃、让人心生畏惧的教师，还要让学生感受到是学生的一位忘年交，将师生的距离拉近。这样才能够激发出学生的一些兴趣，学生的个性才能够得到发展，学生在课堂上才能够将自己的一些建议发表出来。让学生在多种思想观点的激励引导下，激发思想的火花，进而产生学习兴趣。教学过程中，教师应着重培养学生的分析判断能力，鼓励学生不迷信权威，要敢于评价他人的观点。

勇于发表不同的见解，从而发展独立的个性。在搞好课程教学的基础上，教师要积极拓展教学空间，开展第二课堂的语文学习，通过鼓励学生调查研究、动手操作、研讨辩论等形式，培养学生的学习兴趣和自主学习能力。

综上所述，要提高课堂教学艺术水平，就需要各个环节紧密相扣，各个要素形成一个有机的整体，这样才能激发学生学习兴趣，全面提高学生语文素养。

第二节　高中语文课堂教学艺术创新的策略

一、高中语文课堂教学艺术创新的必要性

（一）新课程改革的要求

新课程改革的核心为生命教育，它给教学的各个方面、各个学科都带来了挑战和机遇。对于语文学科来说，过去的方式已经不再适合改革后的语文课堂，高中语文教师首先应该适应新形势，提升高中语文课堂的教学理念，完善自身素质，以人性教学的方式逐步把握住当下的课堂教学艺术。在新课程改革教育背景下，高中语文教师的职责重大，只有立足于新课程改革方针，着眼于新思想，提高自身素养，彰显人文性，有创新意识，才能适应不断变化的新形势，成功地把新课程改革落到实处。

（二）提高学生语文素养的需要

一堂妙趣横生的语文课，会很好地吸引学生的注意力，激发学生的学习兴趣，所以说营造高效、生动的语文课堂要讲究教学艺术。教师要教好语文，提升语文课堂的整体效果，必须在教学中从不同角度入手，改进教学方法，贴近教学和学生的实际，让学生在学习中充分发挥主观能动作用，做语文学习的主人。注重课堂教学环节的科学性和艺术性，增强语文学科的感染力，通过语文知识和文学气息的渗透，提升学生的语文素养。

语文教学是科学和艺术的结合。课堂艺术的恰当运用能够起到事半功倍的效果，有利于提高语文教师的课堂效率。有利于激发学生的兴趣，让学生成为学习的真正主人。有利于优化各个教学环节，创新课堂模式。有利于教师专业素质的培养和提升，让学生喜欢语文课。以此来优化语文课堂的教学环节，提高学生语文素养，促进高中语文教学的健康稳步发展。

（三）素质教育的要求

语文课堂教学本身就是一门文化基础课程，随着高中教育的课程改革，高中语文课程面临着一些全新的问题。在语文课堂教学中，不仅要求课堂质量，更加注重学生的素质教育。在素质教育全面发展下，传统的教学模式已经不能满足人们对我国教学发展的要求，

高中语文学科作为高中教学中的基础学科，不仅是学生学习成绩提高的重要的推动力，而且对学生今后的发展有重要价值，高中是学生语文素养培养的重要时期。如何提高高中学生语文课堂教学艺术成为各高中开展教学活动所必须重视的问题。

（四）提高高中语文教学质量的要求

教学是一门艺术，语文教学更是一门独具魅力的艺术。高中语文课堂教学艺术研究的目的在于引起广大教育工作者对语文教学艺术的重视，明确语文教学艺术的基本条件和要求，了解高中语文课堂教学中存在的实际问题，结合高中语文教学实际，探寻出一条在高中语文教学中掌握教学艺术的途径，以促进高中语文教学改革，提高语文教学质量。

语文课堂不能没有艺术，课堂艺术的恰当运用能够让学生真正地喜欢语文，走进语文，融入语文。所以，教师要想方设法提高课堂教学艺术，更新教学观念，把语文课堂营造为艺术的舞台。教师通过教学语言，去打开学生心灵的天窗，激发他们的情感，影响他们的行为。教师要更好地从事课堂教学，发现不足，及时调整改进方法，更好地提高课堂教学质量，加强课堂教学艺术研究刻不容缓。

二、高中语文课堂教学艺术创新的策略概括

语文是工具性与人文性相结合的基础科目，有着精彩纷呈的内容、不拘一格的形式、灵活多样的解读……语文教师应该致力于教学艺术的探究，努力提高语文课堂教学效果。

（一）树立正确的语文观

1. 师生共同成长理念

在师生关系上，教师要和学生成为平等的朋友关系。尊重学生的精神世界，只有营造民主、合作的教学氛围，学生才会尊师、敬师、爱师、信师。只有这样，教学才得以顺利地进行。

在师生相处过程中，要注意从以下几个方面去把握：首先，师生之间的相互学习，以提高和完善各自的认识；其次，师生之间的相互分享，师生间的精神沟通，不仅仅是分享知识，而是作为一种朋友的相互关心与照顾；再次，就是互相鼓励，在教育过程中，难免会遇到不顺利的时候，师生之间应该做到相互鼓励，渡过难关；最后，师生之间的相互影响，师生之间在人格上相互影响，在人生态度上实现积极的沟通，从而增强学生学的信

心，也增强教师教的信心。

2. 不断改进教学理念

（1）培养创造性的语文思维

学生是学的主体，教师是教的主体，因此，教师应该发挥其"教"的主体地位。不少教育研究专家指出，随着孩子受教程度的加深，越来越多的孩子已经逐渐失去了好奇心和探究未知事物的兴趣，他们的创造能力也在不断地削弱。

激发学生创造性思维，需要依据维果茨基的"最近发展区"理论，来为学生设立思维的维度，促进学生创造性思维的发展。在教学过程中，教师善于培养学生的创造性思维，进而锻炼学生的思考能力，提高学生的学习成绩，有利于教学的顺利进行。

（2）开展个性化的语文教育

语文教育，是个性的教育。首先，语文课所讲授的内容是文学作品，是人类智慧的结晶；其次，文章所传递的精神世界，也是独特的精神感受；最后，语文教师作为"传道授业解惑"的导师，对语文知识的独特理解、解读、感悟等，也为其打上了独特的烙印。因此，开展个性化语文的教育是理所当然的。任何一个优秀的教育名家，其教学风格、教学语言、教学方法都有他个性的烙印。可以说，他们的性格、经历、兴趣爱好以及他所处的环境等因素，都决定着他的教学是独一无二、无法复制的。每个教师都应有一套属于自己的教学风格。这个教学风格就是学习借鉴他人经验并结合自身特点。

当然，语文教育的个性，是通过阅读教学、作文教学等教学过程来实现，教学的个性不仅仅体现在某项教育内容或创造一种新风格的教学艺术上，而是一位教师在整个教学上的风格。这种教学风格的形成，需要教师自身长时间的努力钻研，比如博览群书、实践经验等。语文教师需要在老一辈教学名家的影响下，学习他们的优秀教学经验，为形成自己独特的教学风格而努力。

（3）培养学生的思考能力

随着教育改革的发展，现如今的语文教学已经不应该是"填鸭式"的语文教学，而应该是一种思想的解放，使学生放开应试的思维模式，真正的领略语文的美。因此，教师在教学过程中，就应该善于鼓励学生向文章质疑，与其接受文章现成的观点，还不如带着学生一起去思考。教师在指导学生学习的过程中，可以引导学生从课文中发现阅读写作的技巧，鼓励学生发现文章中美中不足的地方，反对学生只信书本，照抄照搬。在阅读文章的时候，应该注意学生的思考方向：首先，注意理解文本篇章的意义；其次，注意追寻作者本来的写作意图；再次，要善于挖掘文本的历史现实意义；最后，就是从文本中审视自我的修养意义。语文教师带动学生对文本的多元理解，也是语文教育教学区别于其他学科教学的特殊之处。

（二）培养高超语文教学能力

教师是课堂教学的主体，教师在整个课堂教学中处于一个重要的位置。这样的位置决定了教师不能只拥有渊博的学识、丰富的情感、专业的知识等等。如何使语文课堂教学兴趣盎然，充满活力，也需要教师具备良好的语言修养。因此，课堂教学对教师有以下要求：

1. 学识渊博

俗语有言，"语文教师就是一个杂家"。可以说，想成为一名优秀的语文教师就必须要做到上知天文，下知地理，即要拥有渊博的学识。

首先，从课程目标来看，"知识和能力"是新课程设计课程目标的三个维度之一。师生关系和教学得到了协调后，学生发展智力和培养能力的关系以及语文这一学科本质属性也分别形成了两种关系，如何处理这两种关系也成为当今教师需要认真思考和亟待解决的问题。因此，语文教师只有具备丰富的知识，才能吃透教材，灵活的讲授课程，在课堂上做到游刃有余，这样的语文教师才会得到学生的信任和尊重，使他们心悦诚服地接受新知识。

其次，从语文学科的性质上来看，要注重工具性和人文性的统一关系。然而，在当前的语文教学中，往往片面强调语文学科的工具性，忽视了语文学科的人文性，使得语文教育产生偏差。

再次，从语文学科的重要性上来看，语文是一门涉及面广泛的基础学科。语文教师不仅教授学生语文知识，训练学生的语文能力，而且还启发学生的语文思维。因此，语文教师在知识的储备量上，可以说就是一个百科全书式的学者。

最后，从教师的职责上来看，教师担负着全面培养学生的任务，这就要求教师必须具备多方面的素质。教师是学生知识和能力的培养者，是塑造学生良好心灵的人。

2. 知识素养

在新课程改革的背景下，语文教师的专业素养已经成为影响教育质量，制约教育发展的重要因素。语文教师对学生进行素质教育，前提是自身具备必备的专业素质，才能更好地为新课改服务。下面我们从以下几个方面，对语文教师所应具备的专业知识素养进行阐述：

（1）语文教师的口才素养

在对学生的抽样调查中，有这样的一个问题："你最不喜欢上哪门课？"学生们竟这样回答："语文课。"问他们原因的时候，他们竟然说："语文课太枯燥，一点意思都没有，听了也没有用，分数也不会提高，听了也是白听。"听到学生们这样的回答，着实为我们现在的语文教学捏了一把汗，到底是什么原因使学生们对语文课失去兴趣？这样的现状值得我们思考。现在的语文课堂教学大多停留在了应试的基础上，语文课最重要的教学目的就是如何在考试中拿到高分，这样的现状让学生们不失去兴趣都难。那么，如何提高语文教师的口才能力就显得非常重要，这也就是今后语文教师所努力提高的方向。

（2）语文教师的语文素养和文学素养

在衡量高中语文教师教学成熟与否中，除了具备良好的口语表达能力外，语文教师还应该具备极强的阅读鉴赏能力、写作能力、驾驭语文课堂的能力等。曾经就有过这样的一个例子，在对高中语文教师进行写作能力测评中，竟然有的教师出现了写作偏颇的问题，试想当今在教育一线的教师如此，可想而知，我们的学生写作水平会如何。因此，面对这样的问题，我们不得不思考，语文教师重拾语文教师所必备的语文素养和文学素养的重要性。

首先，语文教师必须要多读书，并且爱读书。一名优秀的语文教师，他一定是一个喜欢读书的人；一个教师读书的厚度，决定了教书的深度和广度；一名优秀的语文教师，他自己本身就是语文。试想一个饱读诗书、才华横溢的老师，怎能不受学生的拥戴。语文教师可以在与学生的接触中，带动学生多读书，把自身热爱读书的热情传递给学生，使他们爱读书、爱语文。其次，语文教师应该多练笔，提升自身的写作能力。随着新课程改革的进行，写作在语文教学中的比例也就显得更加重要，一方面，面对升学的压力，写作的重要性显而易见，另一方面，提高写作能力也是提高人与人交流、交往能力的一个重要方面。语文教师应该是一个善于观察生活的人，善于记录和发现生活中的点滴，把这些感受形成文字，不仅是一种生活的记录，而且也是对生命的尊重。这样的语文教师，可以在与学生的接触中，把这种热爱生活的理念传给自己的学生。例如，学生每天记日记，就是一种很好的提高写作能力的方式。最后，朗读也是一种必要的语文教师职业素养。我们知道所有外在的东西都源于内在的感情，教师在面对文学作品时，他内心虔诚的态度、语言的感染力、声情并茂的讲授能力，都是语文教师所必备的素养。朗读是提高语文教学水平的重要方式。

3. 人文关怀

语文教师不仅仅要教书，而且要育人。要育人，必须研究人的需求，如何发现自己心灵深处的美好情感，这是我们应该学习的。

在课堂教学中，师生之间不仅仅只有知识的传递，而且还应该有情感上的交流。面对活泼好动、反应敏捷的学生时，教师除了让他们听懂外，还需要借助语言的力量，来引起学生在情感上的共鸣，达到理解教学内容的作用。情感是教学产生艺术性的关键一环。如果没有真挚、丰富的感情，就不可能把课上好。试想，一个教师在讲解一篇富有丰沛情感的课文时，如果他对课文的情感脉络没有足够好的把控，那么他的教学任务就很难完成。没有将学生的情绪带入到文章中去，没有达到站在作者的角度去感受，那么这个教师的教学很显然是失败的。因此，教师在教学中要始终把握住自己的情感。

课堂教学之所以成为一种艺术享受，主要就是因为它所要表现的是情。因此，语文教学就应该从情感出发，来试图激发学生的情感共鸣。在课堂教学中，教师可以把作品的丰富思想作为情感背景，用自身的形象、作品的形象引导学生逐渐培养和树立自己崇高的人格和理想。

语文教育不仅需要情感的熏陶，而且还应该有对事物的理性认识。能够让学生们感受到是在进行一种美的艺术享受，这样才是语文教学艺术的独特魅力所在。在课堂教学中，教师通过引导学生与文本对话，从文本中获得感悟，把感悟与自身的生活实际结合起来，成为学生自己的价值观。学生在学习中，不仅在语言艺术上有所感悟，而且在文章意境上也应该有所感悟。

4. 专业能力与水平

21世纪是不断发展的时代，教师作为时代的领军者，更应该跟上时代的步伐，提升语文教师的专业水平。

首先，语文教师要具备良好的写作能力和阅读能力。可以说，在高中语文教学中，阅读和写作占据语文教育的大部分江山。在考试中，这两项都有较大的比重，所以在语文教学过程中，教师投入的时间和精力就相对来说比较多，对于语文教师来说，这两方面的能力就显得尤为重要，评价一个成熟语文教师的标准之一就是能否写出一篇优秀的下水文，教师自身应该具备良好的阅读习惯和阅读能力，这样在进行语文教学过程中才会游刃有余。

其次，语文教师自身应该具备必要的评判能力。教师通过学生的口头语及其书面语，能对学生有针对性地进行评判和修正，提出合理性的建议，如何使用生动且亲切的语言来对学生存在的问题加以纠正，如果能够做到让学生喜欢且能够信服的程度，那么这样的语文课堂就会吸引人、影响人。在实践的过程中培养自己的评判能力，在面对新的问题时，能够处变不惊，做出正确的评判。

再次，语文教师应该具备组织课堂教学的能力。教师能够运用学生们乐于接受的方式来进行授课，能够处理好学生与课堂之间的关系，对课堂的把控做到拿捏得当，如什么时候该说什么样的话，什么时候该问什么样的问题，什么时候该进行深刻性的教育等。只有这样赋有才气的教师才足以让学生尊重。那么，教师在教学过程中善于调动学生的积极性，学生也会乐于与教师进行积极的互动，从而提高课堂效率，提高学生的语文综合能力。

最后，语文教师应该具备一定的研究能力。语文教师应该乐于对语文教学内容进行研究，善于把理论知识与教学实践相结合，从而不断改善教学方式，提高教学效率；善于寻找学生学习的特点，从而来改进教学环节；善于研究一些语文教学方法、教学艺术以及一些新的教育刊物等。通过这些研究，教师可以提高自身的语文素养。

想要成为一名优秀的语文教师，这是一个不断学习、不断创新、不断尝试、不断探索的过程。在此过程中，需要教师自觉养成良好的习惯，不间断的学习新知识，不断提升自己的语文能力。

第三节　高中语文课堂教学语言概述

一、高中语文课堂教学语言的内涵、特点及分类

（一）高中语文课堂教学语言的内涵

课堂教学语言，是教师在课堂上所使用的教学用语，其作用是对学生传授知识、启迪智慧、培养能力。它有广义和狭义之分，广义上的教学语言包括有声的话语、无声的身势手势、感情与眼神、板书与课件等；而狭义上的教学语言，仅仅指教师在课堂上与学生交流所使用的话语。本文所讨论的教学语言，指的是狭义上的教学语言。

（二）高中语文课堂教学语言的特点

教学语言要求规范、有效和简洁。除此以外，高中语文课堂教学语言因其特定的使用环境、使用对象和使用目的，还应具有以下特点：

1. 启发性

启发性是指教师的教学语言能够给学生指示，引起学生思考。学生的天性活泼，思维

非常活跃，语文教师应充分利用学生这一特点，根据教学目标，结合课堂需要，使用引导性的语言引发学生思考。根据对教学实践的观察，我们发现，相对于教师用平铺直叙的方式授课，用启发性的语言更能引起学生对问题的关注和对未知领域的思索，更容易接受和理解教学内容。教师切忌用"对不对""好不好""行不行"等简单粗暴、带有直接指向的教学语言，而应该使用指向丰富、引人深思的语言。教师使用启发性的语言要注意学生的知识储备和接受水平，做到启而有发、启而能发。

2. 形象性

形象性是指教师在描述事物和情节时，要直观而具体，生动而形象。对于大多数学生而言，学习新知识并不是一件有趣的事情，感知新事物也不是一件轻松的事情，在面临一些未曾谋面的事物、未曾经历的事件时更是如此。直观而具体要求教师根据学生已有的认知用语言将抽象的事物具体化，将复杂的情况简单化；生动而形象要求教师描人状物有形有象，叙述说明绘声绘色。

3. 音乐性

音乐性是指在教学时语速快慢适中，语调抑扬顿挫，语音朗朗上口，富有音韵之美。课堂上，让学生时不时地处于一种兴奋的状态是非常有必要的。一种语速、一个语调会使学生始终处于一种安静的状态，平铺直叙、波澜不惊的语言只会让人昏昏欲睡，这样的语言无法让人产生注意，无法激起接受的兴趣。优秀的教师会懂得运用语速、语调、语气的变化使语言有起有伏，更会制造语言的律动，使学生获得韵律的美感，处于一种兴奋的状态。

4. 趣味性

趣味性是要求教师的语言要活泼生动，有趣有味。兴趣是一位人人都喜爱的好老师，在"快乐学习"的理念下，更要求教师的教学语言要具有趣味性。教师趣味性的语言能够使学生在学习的过程中会心一笑，得到身心的放松。趣味性不止有趣，还要有味，也就是说语言仅仅有趣引人发笑是不够的，还要有一定的深度，与教学目标无关的一味逗笑的教学语言更不可取。

5. 感染性

感染性要求教师的语言要具有一定的情感，有一定的感染力。语言具有感染性，可以引发师生共鸣，拉近师生心灵上的距离，引起学生对教师的高度认同感，进一步促进教学的开展。教学的过程不是单向的信息传输过程，而是双向的师生情感沟通的过程，虽然词语片段只是符号，但我们可以通过一定的方法赋予它情感。教师首先要用情感感染自己，再通过语言的组织将这种情感传导给学生，语言的感染性看似表现为以言感人，而实际上则是以情动人。

二、高中语文课堂教学语言艺术的实践要求及其现实意义

（一）语文教学语言艺术的概念

语文教学语言艺术，是语文教师教学时在语音、语速、语调、语汇、语法等方面符合标准，给学生以良好的示范，语言表达技巧纯熟，教学环节流畅，语言生动形象、风趣幽默，富有韵律和文化内涵，达到一种艺术的境界，给学生以语言的示范、人文的熏陶和美的享受。语文教学语言艺术不是高大上的"阳春白雪"，而是根植于语文教学的基本要求和艺术追求，它既包括教师拥有较强语言能力的基本要求，也包括教师具有纯熟语言表达技巧的更高要求，还包括实现语言"内涵"与"美"的更高的艺术追求。

（二）高中语文课堂教学语言艺术的实践要求

教师是课堂教学的主导，是课堂教学过程的导演，也是课堂教学语言的实践者。在教学实践中，教师为实现课程的教学目标，达到某一节课的教学目的，就应在教学语言上多下功夫，实现教学语言的艺术化。

1. 高中语文教师应具备较强的语言基本功

高中语文教师应该比其他学科教师具有更强的语言基本功。我国相关法律法规要求，教师的普通话应达到二级乙等以上，语文教师和幼儿教师则必须达到二级甲等以上，这说明语文教师应该具备更高的普通话水平和更强的语言基本功。我们很难想象一位发音不准确，吐字含混不清的语文教师能够很好地完成教学任务。语文教师首先应该能够说一口标准流利的普通话，发音准确，吐字清晰，掌握较强的发音用声技能，声音自然，音量适中，还要做到语言流畅，语调自然，语速适中。除了做到语音准确之外，语文教师还要在遣词造句上做到准确规范，用词准确，语法规范。

2. 高中语文教师应掌握高超的语言运用技巧

高中语文教师必须掌握高超的语言运用技巧。基本功是基础，运用技巧是关键，如果语文教师是一位"武林高手"，那么语言基本功就是内功，而语言运用技巧则是招式，语言基本功配合运用技巧才能达到良好的表达效果。教师在表达时应该注意停连、语调等技巧因素，利用停连技巧和语调的高低升降可以巧妙控制课堂节奏，配合语义可以取得更丰

富的语义内涵。在说话和朗读时通过恰当停顿的使用给学生以思考的空间，在重难点处停顿、故意使用语调的高低升降又可以引起学生的注意。

课堂中各类型的教学语言也应该具有不同特点，各有侧重。优秀的语文教师会使课堂各类教学语言具有不同特色。比如，导入语和讲授语就应该有所不同，导入语讲究有激情、有悬念、有导向，而讲授语则要求浅显易懂，平实可亲；提问语和评价语也应不同，提问语要求具有启发性，而评价语则必须观点鲜明、及时准确。

3. 高中语文教师的课堂教学语言应具有鲜明的个性

语文学科的教学语言和其他学科相比有所不同，一位优秀的语文教师，其课堂教学语言应具有强烈而鲜明的个性。这种鲜明的个性要求语文教师的教学语言不仅要具备其他学科教师语言的规范、准确、简洁等普遍特点，还要体现出生动形象、幽默风趣、有情感、美感，富有文化气息和艺术内涵等更高的艺术水平。生动形象的教学语言可以吸引学生注意，感染学生；幽默风趣的语言能让学生如沐春风、好学乐学，对老师产生亲切的认同之感；而教师富有文化气息和艺术内涵的语言则更能陶冶学生的情操，丰富学生的精神世界，完善学生的人格，提升学生的审美能力和审美情趣。优秀的语文教师，不仅仅是一位教师，更是一位语言艺术家，语言如春风拂面、春风化雨，轻抚学生的心灵，滋润学生的心田。

三、提升高中语文课堂教学语言艺术的现实意义

课堂是教学的主要阵地，教学语言则是进行课堂教学的最主要手段，教师的课堂教学语言艺术水平直接影响着教学的效果。高中语文课堂教学语言是一种比较特殊的语言，它既不同于书面语，也不同于日常的口头语言，既要科学严谨，又要生动活泼，它必须依据教学大纲的要求，根植于日常教学的任务。

在高中的课堂教学中，学生知识的接受、智力的开发、能力的培养、心灵的启迪、品格的铸造、情操的陶冶都受制于语文教师的语言艺术水平。可见，高中语文课堂教学的语言艺术在整个课堂教学中处于十分重要的地位，发挥着无法替代的作用。因此，提升高中语文课堂教学语言艺术就具有丰富的现实意义。

（一）有利于营造课堂气氛，提高课堂教学效率

高中语文教师的教学语言水平的高低，在很大程度上影响着课堂教学的氛围，决定着课堂教学的效率。在教学大纲的规范下，教师的教学目标、教学内容等是基本固定的，教

师可以根据已有的校情和学情进行教学目标和教学内容的取舍，但不能从根本上进行改变。同样的教学目标、教学内容，用不同水平的教学语言来呈现，课堂气氛和教学效率是明显不同的。有的教师授课语言不规范、无激情、无美感，甚至拖沓冗余、词不达意，整个课堂就会死气沉沉、了无兴趣；有的教师教学语言规范，一板一眼，虽然无过错，但是无法激发学生的激情，教学效率也不高；优秀的语文教师，其教学语言不仅规范，而且生动形象、多姿多彩、风趣幽默并富有文化内涵，能引起学生的关注，有效激发学生的学习兴趣。在这种教学语言下，学生的学习不再是一种负担，而是一种乐趣，课堂易形成良好的教学氛围，课堂的教学效率也会随之提高。

（二）有利于提供语言示范，促进学生能力提升

语文课程具备两个基本特点之一就是工具性。全面提升学生的语文素养，提高学生的口语交际能力，培养学生对语言的理解及运用是语文教学的重要任务之一。学生在课堂上接受教育，媒介有许多，比如课本、多媒体、实验器材、教师语言等，有些学科诸如物理化学等，学生可以通过实验、推理等方式获得知识和能力的提升，而语文学科则不同，学生对知识的接受更多是通过阅读和教师的课堂教学语言来实现，语文教师的课堂教学语言对学生产生的示范效应非常明显，优秀的语文教师能为学生提供良好的语言示范，学生通过学习、模仿教师的语言，就能获得语言能力的提升。语言是思维的物质外壳，教师的语言在一定程度上是教师思维的体现，学生学习教师语言的过程，也是与教师交流思想、学习教师思维的过程，通过教师良好的示范效应影响，学生的语言能力、思维水平都会随之提高。

（三）有利于表达人文关怀，陶冶师生审美情操

语文课程又具备人文性的特点。新课程要求"以人为本"，在兼顾工具性时，最大限度地体现语文的人文内涵，弘扬人文精神，语文课程因其人文性的特点更要体现出对学生的人文关怀和对师生审美情趣的熏陶。语文课程的人文性很大部分体现在教学语言上。语文教师生动形象的教学语言、幽默风趣的教学风格，是启迪学生智慧的钥匙；嘤嘤有韵的语言是美化学生心灵的琴弦；充满文化内涵的教学内容和语言是铸造学生品格的法宝。这一切的一切，无不使师生共同感受到美，受到美的渲染与熏陶。

第四节　高中语文课堂教学语言艺术的提升策略

一、更新教育理念

　　内容决定形式，理念指导行为。教师的教育理念会映射到日常教学的点点滴滴中，教师教学行为的差别，很大程度上是因为教育理念的差异造成的。这要求我们的语文教师不仅要关注知识的传授，更要关注学生接受知识的过程、关注学生能力的发展、关注学生语文素养的全面提升。

　　高中语文教师要完成时代赋予的使命，完成语文教学任务，首先就必须不断更新教育理念，从落后的教育理念中跳出来，改变以往重传授结果轻传授过程、重知识传授轻全面发展的传统教育思想，重新定位教师的新角色、新任务，从课堂主角变成幕后导演，用对话的方式引导学生自主学习、自主思考、自主探究，这就对高中语文教师提出了新的更高的要求。教师对学习过程和学生思考的引导，必然要通过课堂教学语言，而且是主要通过课堂教学语言来实现。那么，教学语言对于新课程下的高中语文课堂就显得十分重要。教学过程的实施、课堂气氛的营造、学生能力的培养、审美情趣的陶冶等等，这些都要求教师拥有扎实的教学语言基本功，拥有纯熟的语言表达技巧，拥有艺术化的教学语言。所以，高中语文教师必须提高教学语言水平，强化教学语言艺术化的理念，并在教学实践中及时关注新的要求，不断更新教育理念。

二、提高语言能力

（一）加强语言基本功训练

　　教师的语言应当成为学生的楷模，要使学生学会普通话，说话口齿清楚、咬字准确、声音响亮、语言完整、简明扼要、用词确切，那么教师首先要做到这些。也就是说，作为语文教师，首先语言基本功必须过硬，良好的语言基本功是实现课堂教学语言艺术的基础，一位合格的语文教师在教学中至少应该要做到语音标准、语速适中、语调抑扬、语法规范这几点。

1. 语音标准

　　语音标准是指教师的普通话要达到一定的水平，声母、韵母、声调发音准确，吐字清晰，语言流畅。根据我国相关的法律法规，语文教师的普通话水平应达到二级甲等或以上。而在实际的工作中，不少语文教师普通话水平堪忧，或语音不准，或满口方音，或吐字不清，或语流不畅，这些势必影响学生听课的兴趣，影响课堂教学的效果。语文教师承担着母语的教学任务，必须要成为普通话学习和推广的先锋，读准声、调，杜绝方言，弱化乡音，流畅的进行语言表达是对高中语文教师最基本的要求。

2. 语速适中

语文教师除了要发音标准，还要注意语速的控制。一般情况下，课堂上每分钟120~140个音节是比较适合教学的语速。当然了，语速也并不应该一成不变，教师的语速应该根据教学内容、教学节奏而有所变化，比如复习旧课语速可以稍快，学习新的内容语速就应该慢一些，以利于学生消化吸收；学习较为容易的知识时，语速可以快一点，而讲授新概念、新原理和重难点时，语速则应该慢一点；慷慨激昂时语速可以快，低沉抒情时语速又要慢。总之，教师可以根据教学内容、教学环节、情感状态等实际需要来采用不同语速，做到张弛有度，但总体的语速应该仍在一定的区间，过快和过慢都会影响课堂教学的正常进行。

3. 语调抑扬

在课堂上，语文教师有时是一位导演，有时则更像一位演员，他要能擅长表演各种角色，时而激情四射，时而保守内敛。但是在实际教学中，不少教师不重视语调的使用，上课总是一个腔调，课堂上波澜不惊，甚至是一潭死水。一节课犹如一首曲，应有高音低音、长音短音，有预热有高潮，教师应学会利用声音的高低起伏和语调的抑扬顿挫，时轻时重，时缓时急，使课堂语言呈现变化之美，犹如优美的乐章，使学生听起课来精神焕发，津津有味。

4. 语法规范

语法规范是指语文教师语言表达要符合词法和语法的基本要求，不能随意使用方言词和不规范语法。有些一线教师来自偏远地区或任教于偏远地区，有使用方言词语的现象，并且不觉得有什么不妥。从语文学科的属性来说，语文教师应主动维护汉语语言的规范性，更何况不规范用词用语的使用还会引起课堂教学的混乱。所以，语文教师必须做到课堂教学用语的规范性。

（二）注重言语和知识积累

不积跬步，无以至千里，不积小流，无以成江海。这是强调学习积累的作用和意义汉语博大精深，词汇非常丰富，语文又是一门综合性很强的学科，涉及知识面很广，相关相近学科也很多，教学中经常会涉及不同学科的知识。所以，高中语文教师要注重语言和知识的积累，不仅要积累语文知识，还要积累相近学科、相关学科的一些知识，诸如历史、哲学、地理、艺术等，甚至连教育学、心理学等学科知识也要涉猎。

要积累知识，一是要向书本学习，有目的的广泛涉猎古今中外、各种学科的书籍；二是要向他人学习，通过听课、请教、观察等方式向他人学习知识，获得经验；三是要勤于思考，学而有思才能学而有获；四是要加强实践，及时将学习的知识、经验运用到生活、工作中去，并获得反馈再提高。

（三）善用表达技巧

教师的语言基本功和知识储备是教学语言艺术化的基石，但仅仅具有良好的语言基本功是远远不够的，语文教师还要掌握高超的语言运用技巧。课堂教学语言有导入语、讲授语、提问语、评价语、结束语等几类，每种课堂教学语言的基本要求和运用技巧都有所不同，需要语文教师区别对待。

1. 精心设计、指导全局的导入语

导入语又称导语，是教师在一节课或一个问题的开始有目的、有计划地运用简洁的语言引导学生进入正式学习的语言。在独立的课时活动中，导入语是教学流程的引领者，其主要作用是点睛现旨、激趣激思。好的导入语能够用最短的时间激活学生的有意注意，使需要学习的内容和学生已有的知识经验联系起来，为新知识的学习创设高效的学习情境，帮助学生快速把握课时学习目标。好的导入语恰如精彩电影的开头，既要想方设法吸引观众的眼球，又要巧妙地完成相关情节的照应与铺垫。精巧的新课导入语，技法可以多种多样，效果却都指向学生的情感共振。可以说，唯有凸显教学目标的基础上唤醒了学生主动学习的欲望，新课导入语才发挥出了真正的作用。

导入语应坚持指向性、趣味性、集中性和效益性等原则。指向性是指导入语的设计必须指向教学目标，让学生明白这一节课的任务是什么；趣味性是指导入语要在符合指向性原则的基础上运用各种激趣手段，快速唤起学生的好奇心与注意力，激发学生学习知识、解决问题的强烈欲望；集中性是指导入语必须主题鲜明，内容集中，紧扣本节课应关注的某一问题，围绕一个切入点展开，切忌多点开花；效益性是指导入语应快速入题、简洁明了，不能为导入而导入或持续导而不入。导入语的形式多种多样，或开门见山，或巧设悬念；或激情四射，或娓娓而谈。但无论采用哪种风格、哪种形式的导入语，其目的都是为了结合实际服务教学，切忌为导入而导入。

2. 千锤百炼、平实生动的讲授语

讲授语就是教师在课堂教学中系统、完整、连贯地向学生讲解和传授知识采用的语言形式，是课堂教学中最基本的语言表达，是教学语言的主体。讲授语的主要作用是将知识讲述明白，将问题解释清楚，这就要求讲授语必须规范准确、简洁流畅，还要通俗易懂、生动活泼。我们在实际的教学中会发现一种现象，同样的教学内容和教学设计，由不同的语文教师来完成教学，有的教师收获了满堂的喝彩，而有的教师却遭遇失败。原因是多方面的，但语文教师讲授语的好坏绝对是一节课成功与否的重要因素。

讲授语是教学中使用最多的语言，有叙述、描写、分析、说明、议论、抒情等多种形式，叙述时要简洁流畅，描写时要生动形象，分析时要条理清晰，说明时要通俗易懂，议论时要准确严谨，抒情时要感情真挚。总体要求可以概括为：用词要严谨、用语要生动、用情要真挚，具体来说就是教师使用教学语言的词汇要得当，表达准确、指向明确，教学用语要简洁明快、生动形象，还要赋予教学语言一定的感情，以情动人。

3. 难易适中、启而有发的提问语

提问语是教师在教学过程中根据教学目标和教学内容，采用提问的形式与学生沟通的一种教学语言。教学过程是一种提出问题和解决问题的持续不断的活动。提问是课堂上联系师生关系的纽带之一，教师通过课堂提问，可以唤起学生注意，引发学生联想，引导学生思考，开发学生智力。问题的设计、提出和解决对于一节课来说是非常关键的，教师问题设计的水平、提问技巧的高低和问题的解决方式直接影响着一节课的效果和成败。

提问语的设计非常重要。教师要根据教学的目标来设计问题，每一次发问都是应该有指向、有目的、有意义，任何一个问题都不应该偏离教学主题。问题的难度也要适中，设计问题要充分考虑学生的知识储备、认知程度和智力水平，过于困难和过于简单的问题都不利于教学目标的实现。过于简单学生会觉得索然无味，无所收获；过于困难则会挫伤学生学习的积极性。学生结合已有知识经过努力和协作能够解决的问题才是好问题。有的教师上课喜欢带有"是不是""这样好不好"等提问口头禅，这样的问题简单粗暴，没有意义，无益于学生思考，反而会使学生陷入教师预设的固定思维和答案之中。提问的技巧同样重要。教师提问的时机要把握准确，在面临重要知识点的时候，在学生困倦的时候，就是教师提出问题的好时机。追问也是一种提问的技巧，连续的追问不仅能提高学生随机应变的能力，更能激发学生的思考。问题结束时，教师应该用简洁明确的语言对问题的答案做以说明。这样的问题设计既有利于完成教学任务，又能引导学生独立思考积极探索，提问语简单明了，利于学生理解与回答。

4. 情真意切、及时有效的评价语

评价语是教师在课堂活动中对学生的语言和行为进行评判而使用的语言。评价语是教师进行课堂调控的重要手段，是师生沟通的重要途径，是语文教师教学能力、语言技巧和教学机智的综合体现。

评价语的基本原则是及时有效、恰当明确、关注差异、情感真挚。及时有效是说语文教师应在学生对课堂某环节某问题做出回应后及时给予有效的评价；恰当准确是指教师的评价语应当观点明确，既要对学生的正确行为和观点进行肯定，也要指出其不足之处，但要以鼓励性语言为主，避免挫伤学生的学习积极性；关注差异是要求语文教师关注学生的个性特征，针对不同的学生可以采用不同的评价策略，比如对性格内向情绪不稳定的学生进行批评时就必须委婉恰当，避免学生产生消极情绪；情感真挚是说评价语也要饱含真情，评价语要充满着对学生的关注和关爱，即使对学生进行批评性的评价也要出于帮助学生的目的。评价时，细心关注学生的情感状态，根据学生的情感状态及时调整评价语。

5. 总结升华、余韵悠长的结束语

好的语文课总是有韵味的，这份韵味体现在课堂总结环节，往往表现为"言有尽而意无穷"。一节成功的语文课，绝不应该满足于解决了导学案上预设的几个问题，而是要激活学生的思维，使其能够以文本中获取的相关信息为参照，去观察生活、思考生活。要实现这样的目标，课堂总结环节就不能只满足于对课时学习内容的归纳，还要善于从已知的认知中发现值得进一步思考探究的问题，把学生的思维从指向答案引导至指向多元思考、指向灵魂的拷问。

结束语的形式多种多样，可以以诵读诗歌、朗读文本作为教学内容的总结；可以将文本的主题意义直接引进生活中，组织学生思考讨论；可以在文本学习的基础上开出阅读清单，指导学生阅读并写出读后感；还可以以某一单元为依托安排一次较大的语文学习活动。所有这些方式，只要运用得当，都可以营造出语文课的悠长余韵。

三、追求语言艺术

对于语文教师来说，教学语言仅仅做到规范、准确，仅仅掌握一些语言表达的技法，还达不到艺术化的目标，是远远不能满足语文教学需要的，也不能满足学生日益提高的期望和要求。语文教师应该追求更高层次的语言艺术，使教学语言体现出美的艺术特征。要达到这一目标，教师就要会使用修辞、运用智慧、增添韵律等方法，实现教学语言的生动形象、幽默风趣、音韵之美和文化内涵等艺术特征。

（一）用修辞，言语生动形象

教学语言生动形象，语言的表现力就会增强。它能诱发学生的联想、想象，启发学生深究底里，激起学生情感的波澜，使学生受到语言美的强烈感染。教学语言要生动形象，就必须熟练使用多种修辞方法。修辞方法在丰富语言方面各有用途。贴切的比喻可以化无形为有形、化抽象为具体，使表达生动形象、逼真传神而且富有情感，能引发学生的联想与想象；夸张可以突出事物特征，表达人物强烈的情感，增强语言感染力，并且具有浪漫主义色彩；设问和反问有引起注意、突出题旨、加强语势、激发感情等作用，可以用来设置悬念，引发学生思考和探究；拟人可以化静为动，变无情为有情，使具体的事物人格化，有很强的抒情性和感染力，教师如果能正确而熟练地使用这些修辞手法，教学语言一定会生动形象，像磁铁一样牢牢地吸引住每一位学生。

（二）显智慧，语言风趣幽默

幽默是一种高品位的语言艺术，是教师根据教学需要运用巧妙、诙谐、机智的语言创造一个欢乐而有内涵的场景，是教师的思想、智慧、学识、品格和机敏在语言中综合运用的结果。教学语言的幽默不同于生活语言、表演语言，它必须根植于教学需要，以教育和启发为目的，既要具有趣味性，又要有一定的教育性，相比生活语言的幽默少了一些随意，比舞台语言的幽默又往往少了一些荒诞与讽刺。优秀的老师还会因地制宜，善于利用课堂的任何一个细节，在幽默风趣的课堂语言中完成教学任务。

课堂教学语言幽默的实现方式有多种，一是因地制宜利用与本文有关的幽默示例来实现，二是教师本人积极锤炼语言，在课堂上通过双关、夸张、对比、曲解、反语、倒置等方法实现教学语言的风趣幽默。

（三）重韵律，呈现音韵之美

每当我们诵读一篇美好的文章时，在听觉上就会感到美的享受，这就是音韵美。在教学中，教师一方面可以利用部分具有韵律特点的篇目指导学生诵读来感受音韵之美，还可以在课堂教学语言中注重语言的律动性，善用双声、叠韵等词语，运用排比、对仗等手法，长句短句、单句复句、整句散句灵活变换，使课堂教学语言具有音韵之美。

（四）藏意蕴，富有文化内涵

中国是世界上历史悠久、文化底蕴丰厚的文明古国。语文教师要顺应时代潮流，主动承担起传承祖国文化的使命,在教学中渗透文化教育,把学生培养成为有文化、有品位、有魅力的时代新人。语文是一门综合性学科,语文课本中涉及的知识极为丰富,不仅有语音、词句等基本的学科知识,有的课文还会涉及人情世故和人生哲理,有些文章包含地理和科技常识,有的篇目则会谈到风土人情和传统习俗……可以说,语文课所包含的知识是包罗万象的,不管从课堂教学的有效性方面还是从语文课程的要求来说,高中语文教师都应该提高自身文化修养,积累一定的文化底蕴,并将文化贯穿于课堂教学语言之中。

教学语言的文化内涵的实现路径主要有两点:一是教师的语言本身要富有文化的底蕴,语言表达暗藏意蕴;二是教师在课堂上要善于将历史、地理、哲学、艺术等学科和语文学科紧密结合起来,通过语言将风俗民情、思维方式、价值观念等人文元素融入教学之中,实现教学语言的文化内涵。在中国文化中,有很多意象有其独特的内涵。比如"月亮"就常常承载着人类丰富的思想情感,包含着独特的意蕴,因其清雅明净,月亮有时可以烘托悠闲自在、诗意旷达的情怀;因其盈缺无常,月亮有时又可以表达怀乡思念之苦。教师在授课时就可以充分挖掘一些意象的内涵,既可以增长学生的见识,丰富学生的思想,又可以为课堂增添诗意的文化意蕴。苏轼的"人有悲欢离合,月有阴晴圆缺""但愿人长久,千里共婵娟"两句通过月亮的盈缺、时空的交错表达了作者对亲人的祝福和对家人的思念。教学时教师不应就此结束,还可以继续带领学生学习其他古诗句,比如谢庄的"美人迈兮音尘阙,隔千里兮共明月"、张九龄的"海上生明月,天涯共此时",指导学生搜集相关古诗文,分析这些诗句中"月"的意蕴有何不同,又分别体现了作者怎样的思想感情。

第二章 高中语文教学中的激发与交流

第一节 高中语文教学的激发

一、语文教学激发的意义

语文教学激发策略是教师在语文教学中采取多种手段激发学生的学习动机，最大限度地挖掘学生潜能，促使学生能高效地进行自主学习，以获得全面发展的教学手段。课堂激发策略的运用对于更新教学观念，优化课堂教学，提高教学质量，开发教学资源，推进教学改革，实现教育创新，培养高素质的人才，具有重要的现实意义。

（一）充分调动学生的学习兴趣，挖掘学生自身潜力

对于学生的学习来说，第一是兴趣，第二是兴趣，第三还是兴趣。当学生兴趣盎然地投入到学习中时，学习就成为一种特殊的精神需要。无论什么理由，一个教师让学生不喜欢自己所教的学科了，这个教师的教学就失败了。诚然，学习兴趣的养成也是一个复杂的心理过程，它是在充满情趣、富有魅力的教学活动中培养起来的。在这个过程中教师起着潜移默化和桥梁纽带的作用，这也就要求教师在设计教学过程时，从教学内容的处理到教学方法的实施都要经过周密的考虑，要以创设具体的兴趣情境为中心，有效地提高学生的学习兴趣。

（二）形成良好语文教学氛围，使学生变被动接受为主动探索

强迫的学习不会在心灵中长久的保存。语文教学从本质上讲是一个教师指导下学生积极学习、主动参与和独立思考的过程。学生如何参与语文教学，对于其身心发展具有不同

的作用。在以学生为主体的语文教学中如果缺少了学生的主动参与,那么这种语文教学已经否定了其本身的意义,而只是把个体活生生的生命窒息于机械记忆、呆读死记之中,严重剥夺了学生在语文教学中的主体地位、主体权利和反思批判意识。这种灌输式的语文教学就像陶行知先生所批判的那样,是一种强迫"鸡吃米"的教育。也就是说,学生参与语文教学的程度不同,语文教学的质量和效果是不一样的。如果学生能够主动地参与到语文教学中来,积极提前预习、提出问题、思考问题,那么他对学习内容的理解就会比较深刻,对知识的掌握就会比较牢固,学习兴趣、学习能力就会得到不断提高和发展。否则,语文教学就无法取得理想的效果。从这个意义上讲,学生的主动参与是提高语文教学质量的基础。

(三)有利于化解课堂中的问题行为,提高教学效率

教师所面对的教学对象是一群心智尚未成熟、个性差异较大的生命个体,首先学生的年龄特征决定了他们在课堂上注意力集中的时间是十分有限的,特别是一些学生经常会出现一些开小差的情况,比如,看小说,做小动作,和周围的同学讲小话,甚至东张西望。这些情况都使得教师往往要花很大部分的精力来维持课堂纪律,同时也阻碍了语文教学的有效进行。

二、语文教学激发的心理学依据

人的任何活动都是由一定的动机所激发并指向一定的目的的。激发和维持学习动机是教学过程中的一个重要环节。了解影响学习动机的各种因素以及这些因素的作用机制,对于有效激发学生学习动机具有十分重要的意义。

(一)动机与学习动机概述

1. 动机的一般概念

在西方心理学中,"动机"(motivation)一词原意则包括"开始行动""活动"以及"促进活动"等含义。由此衍生出来的"动机"一词,自然也就喻示着机体活动的激发、维持与引导等过程。动机是以内驱力和诱导为必要条件而存在的。有机体的内驱力可以分为生理和社会的两种。但需要和内驱力并非同一状态,内驱力是当需要缺失时有机体内部所产生的一种能量或冲动,以激励和组织行为去获得需要的满足。人的动机不仅可以由内部因素来激发,也可由外在刺激引起,而所有能引起个体动机的外部刺激,就称之为

诱因。

2. 学习动机

学习动机是指直接推动学生进行学习的一种内部动力，是激励和指引学生进行学习的一种需要。学生的学习受多方面因素的影响，其中主要是受学习动机的支配，但也与学生的学习兴趣、学习的需要、个人价值观、学生的态度、学生的志向水平以及外来的鼓励紧密相连。学习动机经常可通过外在的学习行为反映出来。当然，同一种动机可能会产生不同的行为及其结果，而相同的行为与结果也可能源于不同的动机。学习动机对学习结果的影响是通过制约学习积极性实现的。学习积极性是学习动机的一种直接的外在表现，是在学习活动中表现出来的认真、主动、顽强和投入的状态。有无动机及其动机强弱都可以通过学习的积极性水平反映出来，而不同水平的学习积极性又直接影响学习效果。

（二）学习动机的实质

对于学习动机的实质及其培养与激发的规律，心理学家提出了种种不同的理论，这些理论从不同的角度解释了人类的学习行为。

1. 需要层次理论

需要层次理论是人本主义心理学理论在动机领域中的体现。人的基本需要有五种，从低到高依次排列成一定的层次，即生理的需要、安全的需要、归属和爱的需要、尊重的需要和自我实现的需要。在人的需要层次中，最基本的是生理需要，如对食物、水、空气、睡眠、性等的需要；在生理需要得到满足之后，便是安全需要，即表现为个体要求稳定、安全、受到保护、免除恐惧和焦虑等；这之后是归属和爱的需要，即个体要求与他人建立感情联系，如结交朋友、追求爱情；随后就是尊重的需要；最后便进入自我实现的需要。自我实现作为一种最高级的需要，包括认知、审美和创造的需要，它具有两方面的含义，即完整而丰满的人性的实现以及个人潜能或特征的实现。从学习心理学的角度看，人们进行学习就是为了追求自我实现，即通过学习使自己的价值、潜能、个性都能得到充分而完备的发挥、发展和实现。因此，可以说自我实现是一种学习动机。

2. 归因理论

人们在做完一项工作之后，往往喜欢寻找自己或他人之所以取得成功或遭受失败的原因。这就是心理学家探索归因问题的客观依据。人们具有理解世界和控制环境这样两种需要，使这两种需要得到满足的最根本的手段就是了解人们行动的原因，并预言人们将如何行动。行动的原因或者在于环境，或者在于个人。他人的影响、奖励、运气、工作难易程度都是环境原因。如果把行为的原因归于环境，则个人对其行为结果可以不负什么责任。人格、动机、情绪、态度、能力、努力等都是个人原因。如果把行为归于个人，则个人对其行为结果应当承担责任。将活动成败的原因即行为责任归结为以下六个因素：即能力高低、努力程度、任务难易、运气好坏、身心状态、外界环境。这六个因素可归为三个维度，即内部归因和外部归因、稳定性归因和非稳定性归因、可控制性归因和不可控制性归因。

（三）学习动机的激发与培养

动机是活动的原动力，学习动机推动着学生活动，可以认为是学习过程中的核心。我们知道成功的学习活动总是伴随有积极的学习动机，而无动机的学习活动大多是敷衍了事，一事无成。因此，作为教师的一项重要任务，就是对学生学习动机的激发和培养。

1. 建立学习定向的课堂环境

所谓"学习定向的课堂环境"，指的是建立一种使学生倾向于学习活动的环境气氛。学习定向课堂的特征是：学生进入课堂即为学习活动或学习内容所吸引；建立起强烈的学习意向；在学习过程中通常都体验到成功，很少有焦虑体验。学生在这样的环境中具有高度的学习积极性，尽管有时他们也会体验到失败，但这种失败体验并不是一种惩罚，而是对努力不够的学生的一种反馈。欲建立这种课堂环境，需要注意以下几点：

首先是要集中学生的注意力，当学生进入学习情境时，教师应设法把学生的注意力集中于学习活动之上，排除分散学生注意力的干扰。其次是要帮助学生建立学习意向，在把学生的注意力集中到学习活动或学生内容之上以后，必须设法帮助学生建立学习意向。建立学习意向，最初主要利用学生的认识好奇，同时对这种好奇的表现给予鼓励，使之形成习惯，从而建立起学习意向。最后就是要消除学生的高焦虑。在学生中常见的焦虑是测试焦虑，也就是考试焦虑。这是一种担心考试失败的焦虑。这种焦虑普遍存在于成就动机高的学生之中。通常，适当的测试焦虑有助于考试成绩的提高，但是高度的测试焦虑将会使考试成绩降低，从而会挫伤学生的学习积极性。消除焦虑的办法是教给学生应对考试的技巧，以及如何做好应考的心理准备。

2. 充分利用学生的需要与内在动机

学生的各种需要与内在动机是他们从事学习活动的持久动力。倘若教师对学生满足自身需要的活动给予正确指导，对他们的内在学习动机给予适当的激发，势必激起学生的学习热情，保证学习活动的顺利进行。首先，从学生的需要这个角度来分析。学生的需要是多方面的，教师应设法了解学生中最普遍存在的需要，并把学习活动与内容以一定的方式与这些需要的满足联系在一起，就可以达到促进学生学习的目的。例如，把学习活动与集体荣誉感联系在一起，可使用班级间开展学习竞赛的方式实现。学生在这种竞赛中，既满足了归属的需要，同时也促进了学习活动。其次，要善于利用学生的内在动机。兴趣是个人学习活动的潜在动力，唤起了学生的学习兴趣也就有助于解决激发学习动机的问题。

3. 帮助学生确立学习目标和控制学习

学习目标的确定和学习活动的自我控制是学生的一种强有力的动机过程。在学校里，教师对学生的目标确立与学习控制给予适当的帮助，将会极大地激起他们的学习动机。学习目标意味着建立一个奋斗的标准，一个在学习上要获取某种成功的意向，这个标准或意向将贯穿在随后的日常学习活动之中。它对学生的学习活动起指导作用，使学习活动成为一种明显的目标指向性活动。

学生对自己学习活动的控制与调节反映了学生进行学习的主动性。学生若能对学习活动进行自我控制和自我调节，则说明他们自愿在学习活动上花费时间与付出努力，而不是为了外在的奖励。教师帮助学生做到对学习活动实现自我控制与自我调节，可从以下几个方面入手：帮助学生确立目标；帮助学生选择实现目标的活动；帮助学生为实现目标而承担个人责任；使学生变得有信心，相信自己具有实现目标的能力。

4. 及时反馈信息和实施外部调控

教师给学生的信息反馈，对他们的目标指向性活动起指导作用；而教师对学生的外部调控也在一定程度上影响学生的学习动机与积极性。

教师给学生提供的信息反馈包括学生的学习结果以及给予的一定评论和指导，一般来说，学生及时知道自己的学习结果，会产生很大的激励作用。无论这个结果是成功还是失败，均有激励作用。因为若是成功，学生会更好地提高学习热情，加倍努力；若是失败，可从中看到缺陷所在，激起上进心，给予及时改正，也同样促进学习。许多研究结果都表明，反馈在学习上有显著效果。反馈越及时，效果越好。

三、语文教学激发的基本原则

在语文教学中对学生的激发，应遵循以下基本原则。

（一）目的性原则

任何激励都是有一定的目的的。对学生的激励也是如此，只有明确的目的，激励才有价值。第一，激励的目的必须明确。课堂管理应倡导什么、反对什么，应当通过激励明确地反映出来。如果没有明确的激励目的，学生就很难领会教师的意图，达不到激励的目的；第二，某一时期的激励目的必须明确。对学生的激励是课堂管理工作中经常采用的手段，但根据不同的时机、不同的课内课外环境，应当确立不同的激励目的，从而分清主次，达到立竿见影的激励效果。如果激励的目的不明确，或目的单一，势必会因为目的模糊和陈旧而达不到激励效果。即使是同一激励目的，也应该在一定时间后做些方式方法上的改变，以引起和维持学生较持久的参与意识。

（二）有效性原则

课堂激发的灵活性强，但也不能随意地进行。一切激发策略的运用都要服从于教学目标的达成，并以此作为检验激发是否有效的标准。激发在一定意义上就是"导"的意思，通过对学生情绪、注意力、积极性的调动，使得课堂教学沿着高效的轨道运行。这一原则要求教师在实施每个激发策略时，既要讲究高超的激发艺术，更要追求激发的实际效果，不能只求外在的激发形式而忽视学生学习的实际效果。有效的激发往往具有以下几个特征：一是"准"。教师要能准确地抓住激发的时机，从而集中学生的注意力，使得学习活动朝着一定的发展方向步步深入。二是"新"。教师的激发手段要形式多样，常用常新，学生喜闻乐见。三是"活"。教师能随时运用自己的激发策略，优化教学环节，充分地调动起学生的学习欲望和学习的积极性，使学生学得轻松、学得活泼、学得扎实。

（三）差异性原则

差异性原则，即根据不同的学生的具体情况而采用不同的激励方法进行激励的原则，也可称之为激励的个性原则。采用差异性原则主要是因为：第一，学生之间存在着较大的个性差异。对一个班级的每个学生来说其本身所具有的能力、气质、性格等不完全相同，有的甚至差异较大，这就决定了他们在学习中的表现有所不同，教师应根据他们的实际情况来决定是否激励以及怎样激励。例如，对于学习能力强的学生，他们完成某项任务是一件平常的事，可不予激励；而对于学习能力差的学生，他们完成同样的任务要付出更多的努力，这对他们来说是一个进步，可予以激励。第二，要坚持差异性原则，教师应采取有的放矢的办法进行激励。教师要从实际出发，根据不同的人，针对不同的事来权衡利弊，从而确保每项激励都能达到预期的效果。

（四）整体性原则

整体性原则包括以下两层含义：

1. 教师进行激励时，应着眼于全局，争取在对某个人或某件事进行激励的同时，能够使全班学生都受到激励，从而调动全体学生的学习积极性，这有利于学校教育教学质量的提高。

2. 坚持整体性原则，还要求教师在进行激励之前，对课堂管理的各项激励措施有一个整体规划，并使各项激励活动都相互促进，形成整体效应。否则，就会出现某些活动相互抵触而削弱激励的效果。

四、良好课堂氛围的营造

课堂氛围是指师生在语文教学过程中，通过情感的相互作用构成的心理环境的综合反映。它直接影响师生的教学行为、教学质量以及学生的个性发展。在语文教学中，由于师生双方的交往程度和合作水平的差异，会形成不同的课堂氛围，或欢乐或沉闷或高昂或压抑等。

（一）课堂氛围的特点

1. 感染性和整体性

班级是一个由一定数量的学生组成的教学集体，其中，所有个体不仅年龄不相上下，而且他们都有着同一个目的。他们一般都有着大体相同的经历，有着大致相近的心理感受能力。学生对周围环境、气氛的变化特别敏感，极易受到周围环境和情绪的影响。当一部分学生出现某种情绪时，由于心理感受的相似，这种情绪经常能较为迅速地感染周围学生。一旦大部分学生都有这种共同的心理体验时，便形成了某种课堂氛围了。课堂氛围是一种整体上的气氛与情绪，这种气氛与情绪又是相互感染、相互影响的。某种情绪，如果只产生于个别个体，不能影响到大多数学生，当然不足以形成一种氛围。一旦形成某种氛围，将对全体同学产生强大的感染力，如果处理得当，将使学生群体产生感情上的共鸣，并有效地集中学生注意力，因而达到提高语文教学效果的目的。教师是这个群体中有独特地位的个体，他是课堂氛围的创设者与经营者，在语文教学中应该正确发挥影响力，通过创造具有感染性的课堂气氛使得学生能真正从情感上找到共鸣，积极主动地参与到学习中。

2. 个体感受的差异性

课堂氛围是具有感染性和整体性的，但情感是一种比较高级的复杂心理感受，它与人的学识、经历、素养、情操、爱好乃至个性，有着千丝万缕的联系，是诸多因子在一定的情境中的综合体现，因此，即使同样的感受，每个学生也不可能一模一样。有的强烈，有的淡薄；有的深刻，有的肤浅；有的持久，有的短暂；有的侧重于此，有的侧重于彼。

（二）营造良好课堂氛围的意义

教学可以分为教师教和学生学两个方面，教学效果的好坏与这两方面的作用是分不开的，而良好的课堂氛围恰恰对教与学两个方面都起到了积极作用。一方面，良好的课堂氛围可以提高教师的教学积极性，教师望着学生一双双充满求知欲望的眼睛，深为学生的求知精神所感动，会更加认真备课，全身心地投入到教学中去；另一方面，良好的课堂氛围可以激发学生的学习积极性，在良好的课堂氛围中，学生被热烈的课堂气氛所感染，受教师灵活多样的教学方法、渊博的知识、精湛的授课艺术所吸引，为教师幽默风趣的谈吐、优雅的气质所倾倒，并在课堂上切身感受到知识的奥妙和无穷的力量，从而极大地激发学生的学习积极性和探求科学的热情。在良好的课堂氛围中，气氛既热烈紧张又轻松团结，师生之间关系融洽，相互尊重，相互信任，畅所欲言，教师可以更好地了解学生并掌握学生的基本状况，使教学更有针对性。

（三）创设良好课堂氛围的策略

1. 善于运用表扬

表扬是对学生好的行为给予肯定的评价，并使其得到进一步的巩固和发扬。适时的表扬，常常是氛围的强化剂，因为它能让学生得到成功与满足的心理体验，从而形成积极向上的课堂氛围。

2. 强化情感因素

谁爱孩子，孩子就爱他，只有爱孩子的人才可以教育孩子。师爱是教育的润滑剂，是进行教育的必要条件。正因为有了师爱，教师才能得到学生的信赖，学生才乐于接受教育，教育才能收到良好的效果。要创设良好的课堂氛围，必须要活化情感因素，以学生发展为本，建立新型师生关系。这种关系旨在本着尊重学生自主性的精神，使学生的人格得到充分发展。教师以实际行动关心全体学生的成长，深入了解他们的生活个性、学习特点和兴趣爱好，与他们建立深厚的师生感情。教师热爱学生的情感，常常会提高学生学习的有效性。教师对学生越是关心爱护，上课时学生就越信赖老师，自然而然产生和老师合作的动机，努力学好老师所教的课程。

3. 采用科学的、适合学生特点的教学方法

教学改革倡导自主探究、实践体验、合作交流的学习方式，培养学生的创新精神、实

践能力和积极的情感，变"学会知识"为"会学知识"。在教学方法上应以学生的最大参与作为选择的目的，为学生提供学习经历，丰富学习经验，要注意展现学习思想发展的脉络，激发学生亲身经历学科建构的过程，变"被动学"为"主动学"。

4. 精心设计教材

首先，应注意知识的梯度，精心设计"最近发展区"。教师在对教材的处理中要突出重点，分散难点，既有一定的知识梯度、难度，又能让学生通过自己的努力能学会掌握。根据教材特点，提出对一节课起关键作用、富有挑战性的，而且学生经过努力能解决的问题，把问题作为教学过程的出发点，以激起学生已有知识结构与学习新课题的认知冲突，唤起学生解决问题的欲望，进而激发学生的学习兴趣和迫切性。

其次，要注意每门学科知识的实际应用。在设计教学内容时，教师要从学生所熟悉的生活、实践中提炼出具体问题，这样才能极大地激发学生的兴趣，形成良好的课堂氛围。正是因为这些问题来自实际，能让学生感受到所学到的知识有用，让学生感到亲切，学生才会主动地参与到课堂学习中。

第二节　高中语文教学的交流

教学即交流。没有交流的课堂犹如一潭死水，缺乏应有的生机与活力。在语文教学活动中，教师和学生作为参与这一活动的主体，都应该积极而又主动地进行交流。只有这样，我们的教学活动才能顺利展开，教学目标才能得以完满达成。

一、交流与语文教学管理

语文教学交流既与一般交流有共同之处，也存其自身的特点和类型。交流的顺畅与教学管理的有效密切关联，而两者对于语文教学目标的达成具有不可忽视的意义。

（一）语文教学交流的过程与类型

1. 语文教学交流及其过程

"交流"这一活动的展开，一般需要两个有联系的主体同时存在，并且这两个主体之间存在着相互的信息传递，即当其中的一个主体把信息传递给另一个主体时，接收信息的这一主体就会对收到的信息加以吸收并进行加工处理，同时把处理结果以信息的形式反馈给发送信息的那个主体。

在我们的语文教学交流中，教师和学生都是作为信息交流的主体而存在。为了达到良好的教学效果，师生之间应该进行广泛而深入的交流，从而实现一种我们所期望的"教学相长"的目的。

在交流的过程中，我们一般将发送信息的那一主体称为信息源或发送者，而把接收信息的这一主体称为受众或接收者。为了说明问题的方便起见，在此我们将发送信息的那一方称为发送者，而把接收信息的一方称为接收者。事实上，光有发送者和接收者的存在，信息的交流也是不能顺利进行的。发送者发出的信息必须借助于信道才能实现高效而可靠的传递。同时在整个过程中会受到噪音的干扰。

在语文教学交流中，教师和学生都可以作为信息的发送者，但主要的发送者是教师。众所周知，我们的语文教学不是一种杂乱无章、漫无目的活动，而是一种在一定目标指引下的有序活动。教师作为信息的主要发送者，需要对自己发送的信息承担一定的责任。因此，教师在发送信息前需要考虑以下几个方面的问题：学生想要接收哪些方面的信息？学生拥有多少与教学内容相关的背景知识？本次教学活动的主要目标是什么？所教教学内容的重点以及可能的难点在哪里？该教学活动能够在哪些方面促进学生的发展？只有统筹兼顾以上的几个方面，教师发送的信息才会有的放矢。

当教师在权衡了上面所述的几个方面以后，就会产生一定的思想认识，这时教师可以对这些思想认识加以编码来形成信息。于是我们会问：是不是随意使用一种方式对其进行编码就可以了呢？显然是不能这样做的。虽然这样组织起来的信息能够充分代表教师的思想，但是这种编码方式呈现出来的信息却不能为学生所认同和理解。如果教师发送的信息采用了不恰当的编码方式，那么发送的信息所代表的思想与学生接收信息后处理得到的意义之间会存在很大的偏差，甚至截然相反。这样看来，教师发送给学生的信息不仅要体现教师的思想，同时还要以学生能理解的方式编码。只有这样，师生双方之间的交流才能顺利进行，教学目标才能得以实现。

在交流过程中，信息是一种能够激发人们思想的言语的或非言语的行为。词语可能会形成信息。在我们的教学活动中，大量的信息以言语的形式而存在。其实，除了言语可以作为信息的载体以外，信息也可以以非言语的形式呈现。甚至有时候以非言语形式表现出来的信息有更好的表达效果，让人感受到"此时无声胜有声"之妙。

接收者指的是发送者为其发送信息的人。在语文教学交流中，虽然教师和学生都是信息的接收者，但是学生是主要的信息接收者。无论是教师还是学生，一旦接收到信息就必须对其进行解码。解码一般包括四个过程：听—看，解释，评估，反应。其中，听—看是解码过程的第一步。在教学交流中，学生通过听来接收教师发送的言语方面的信息。对于教师发送的如面部表情、声调、姿态等非言语信息，学生要通过看来加以接收。在实际的教学中，有时候学生对教师发送的信息，不是"熟视无睹"，就是"充耳不闻"，为了避免这种情况的发生，需要教师在进行教学设计时花足心思，用学生喜闻乐见的形式呈现需要传递的信息，这样才能引起学生对这些信息的充分注意。

解释是解码过程的第二步。指的是学生对接收到的信息的加工处理过程。一般说来，学生接收到的信息会与其大脑中原有的与之相关的背景知识之间会发生相互作用。当新接收到的信息与其认知结构中的背景知识相一致时，就会对这些信息进行同化处理；如果不一致时，就会对认知结构中的知识进行改造，使其顺应接收到的新信息。由于学生在其认知结构中背景知识、教师信息编码方式等因素的限制之下，学生对接收到的信息加以解释得来的意义会与教师要传达的思想之间可能会存在一定程度的偏差或失真。同时学生会自以为是地认为这种存在偏差或失真的解释是正确的，在以后的考试中遇到相应的试题就会胸有成竹地将这种解释以答案的形式展现在答题纸上。这样教师可以通过答案来了解学生对自己所传递的信息在理解上有多大程度的偏差或失真。

评估是第三步。学生对教师传达的信息进行解释以后，就会对这些信息的价值进行评估。他们就会认为某些信息对自己有用，而有些信息对自己毫无用处。一般说来，学生对知识价值的评估存在很大的主观性。学生会从自身的需求以及外在的情形来评判信息的用处大小。例如，学生会从今后职业发展的角度来评估从教师那里接收来的信息。如果有利于今后职业的发展，认为其价值重大；如果与以后的职业发展相关性不大，就会认为其不重要。事实上，从学生素质的全面提升以及教育的终极目标来看，无用的知识往往是对人的全面发展是最有利的。

第四步是反应。一旦评估结束后，学生会开始对他们所接收到的、解释的、评估的信息有所反应。这种反应有时候以外显的形式表现，而有时候又以内隐的方式存在。在课堂教学交流中，反应可以帮助教师决定教学进程的何去何从。如是快速前进还是放慢进度？是增加相关背景材料还是删除部分不重要或无关紧要的内容？如果教师一味地按照自己预先设定的教学进程安排教学，不考虑学生的反应所表现出来的反馈信息，那么我们的教学交流就会陷入一种教师在唱"独角戏"，而学生却"不知所云"的境地。更不要说体现教学的生成性了。为了让更多的学生跟上教师的教学步伐，获得充分发展，需要教师以敏锐的眼光来捕捉学生的每一个细微的反应，及时得到反馈信息并做出相应的教学调整，使自己的教学回到与学生相适应的正常轨道上来。

教师作为主要的信息发送者会产生两种类型的噪音。第一种情况就是，教师本身对教学内容的理解存在模糊性。这种模糊性可以表现为教师不能对众多信息进行取舍，选择出适合大多数学生并能实现教学目标的最优信息组合,这样会导致只有部分学生达到对知识的掌握程度。第二种情况可以表现为教师把自己认为正确的、而事实上却是被歪曲了的或教师自己也是部分理解的信息传递给了学生。在这种情况下,所能出现的最好情况就是学生只能部分地理解教师传递的信息。

在接收者中的噪音因素对于交流的干扰,就像发送者中的一样。学生中的噪音表现为他们的态度、信仰、价值观、早期学习经验、愿望、动机、需要等因素对接收信息的干扰。一般情况下,当学生接收到信息时就会产生一定的反应。由于在上面所述的一个或几个因素的制约之下,学生产生的反应会与教师的期望相去甚远。因此,在语文教学交流过程中,学生的心理很可能是一个影响很大的噪音因素。

2. 语文教学交流的类型

不管是对于课堂中的教学性交流,还是生活中的人际交流来说,交流的方式是多样的。然而我们却可以按照一定的标准对其进行分类。例如,我们可以按照交流的效果如何,将交流分为有效交流和无效交流;也可以按交流信息的载体来分,把交流分为言语交流和非言语交流。当然,我们还可以依照其他的标准,将交流加以分类。在这里我们主要介绍按照上述两种分类标准划分出来的四种交流形式。

(1) 有效交流和无效交流

教师的语文教学是一定要讲究效果的,甚至可以说要一直在不断地追求效益的最大化,谁都不愿意"劳而无功"。对于教师课堂教学的重要部分——教学交流来说,也是要达到一定的效果的。在语文教学中出现了较多的无效交流,教师作为主要的信息发送者应当承担主要的责任。比如,有的教师不综合考虑学生的心智发展水平、原有的知识基础等因素的制约,一味地以不适合学生接受能力的方式向学生传递在教师本人看来所谓非常简单的知识;而有的教师在上课时使用的交流方式比较单一,于是很难长时间地保持学生的注意力;还有的教师不注意锤炼自己的语言,教学语言不生动有趣,缺乏激情与活力,导致教学效果不好。

(2) 言语交流和非言语交流

我们所理解的交流时的言语,既可以表现为口头言语的形式,也可以表现为书面语言的形式。而非言语交流则表现为面部表情、声调、姿态等形式。在语文教学交流中,言语由于能直接表达信息发送者的思想观点,而成为师生交流的主要载体。然而只有言语的交流是远远不够的。因为人类是富于情感的高级动物,表达人类喜怒哀乐的众多情感单凭言语是无法达到的。要想把人们内心的情感淋漓尽致地展现出来,更需要非言语信息的帮助。例如,为了表达我们的喜悦心情,我们可以将"我很高兴"这几个字写在纸上或从口中说出来让别人知道；我们也可以通过迷人的"笑"来表露喜悦之情。我想绝大多数人一定会更愿意接受第二种表达喜悦的方式，因为这样会比言语信息更具有感染力，让接收信息的人感同身受，甚至会产生共鸣。因此，教师要善于灵活运用言语信息和非言语信息，使它们恰到好处地为语文教学交流服务。

（二）交流对于语文教学管理的作用

缺乏管理的课堂犹如一盘散沙，会不时地出现一些影响语文教学活动顺利进行的突发事件。在这里我们把这种课堂中出现的干扰教学活动有序进行的突发事件统称为课堂事件。针对课堂中的突发事件，不同的教师会采用不同的策略使语文教学回到正常的轨道上来。正如"教学有法，但无定法"一样，我们不能简单地评判这些策略，认为何种策略优，何种策略劣。要知道处理课堂事件的方法没有最好的，只有最合适的。事实上，真正高明的管理不是课堂事件发生时采用最优的措施加以应对，而是"不管理"。这里所说的"不管理"不是真的不加管理，而是防患于未然，以使课堂事件发生的概率降到最低程度。交流作为课堂管理的有效方式之一，能达到管理、也能达到"不管理"的目的，其在语文教学管理中的作用表现在如下几个方面：

1. 交流可以处理课堂事件

课堂事件种类繁多、形式多样。就其程度来说，有的严重，有的轻微；就其范围来说，有的波及面广，有的影响范围小。不管是针对课堂中的轻微的或波及面小的课堂事件，还是严重的或波及面广的课堂事件，教师完全可以凭借自己的聪明才智通过交流来加以应对。就拿课堂中有两位同学在说小话、不认真听讲这一事件来说，教师要想制止两位同学说小话可以采用不同方法。例如，教师可以把自己的课停下来，当着同班同学的面，点出两位同学的名字，并指出"请你们不要讲话了，这样会影响其他同学听课"。教师也可以把课停下来几秒钟，双眼凝视着两位正在说小话的同学。这时眼神和安静会让说小话的学生感受到老师对他们的行为强烈地"不满"，他们因此也会收敛很多。事实上，教师也可以不把课停下来，针对当前的讲课内容提出一个与之相关的而且只有听了课的同学才能容易回答出来的问题，让两位在说话的学生中的一位站起来回答。如果被抽到的那位同学回答错误或答得不完整，就接着请那位与他说话的同学来回答或加以补充。要是这两位同学都不会回答或回答得不完整，这时教师可以请一位认真听课的同学来回答。这样的做法也会让两位同学感受到老师在暗示他们"上课请认真听课"。

可以说这些不同形式的交流是为了管理语文教学，使语文教学顺利进行。虽然三种交流方法都达到了管理语文教学的目的，但是在成效方面差异却非常显著。在花费时间方面，第一种、第三种方法花费时间较多，第二种方法花费时间较少。但从浪费时间的角度来说，第一种方法纯粹是为了管理而放弃教学，花费宝贵的教学时间来处理如此轻微的事件是得不偿失的。公开地点名批评两位同学，会让他们在同学们面前感到很难堪。这样虽然达到了管理课堂的目的，却以浪费宝贵的教学时间和牺牲学生的自尊为代价，因此是不可取的。第二种方法不会浪费什么时间，而且对学生的自尊不会造成什么伤害，因此也是一种有效的管理课堂的交流方法。第三种方法的优势表现在管理课堂的同时也在实施着教学，而且不像前面的两种方法那样使课堂出现断裂。这样会使整个课堂浑然天成，实施了课堂管理却又找不着管理的痕迹，同时也保护了学生的自尊。

总之，针对同一课堂事件，管理语文教学的交流方式有很多，教师要做的就是选取一种最优的交流方式达到管理的目的。然而教师在选择时需要考虑以下几个方面：尽量避免浪费宝贵的教学时间；尽可能不要损害学生的自尊；尽力保持教师的良好形象。

2. 交流可以减少课堂事件的发生

教学中出现了课堂事件，原因是多方面的。事实上有可能是学生的内在原因，还有可能教师的教学本身就存在一定的问题。特别是课堂中出现了大面积不认真听课的现象，教师应该承担主要的责任。为了减少课堂事件的发生或将课堂事件消灭在萌芽状态，教师在不能改变学生的情况下，只能改变自己了。教师可以通过与学生的充分而有效的交流来优化教学以避免课堂事件的发生。

二、语文教学交流的基本要求概括

语文教学交流是否顺畅受多种因素的影响，了解这些影响因素，才能更好地遵循基本要求，采取有效措施。

（一）影响语文教学交流的因素

在语文教学交流中，师生之间的交流要有序地进行，需要综合考虑各方面的制约因素。一般来说，影响语文教学交流的因素主要有以下几种：

1. 学生的个体差异性

不同个性的学生在课堂上表现出不同的行为，他们的智力、学业能力倾向、兴趣、学习方式以及阅读和数学方面等基本知识存在明显的差异。在这里我们最关心的是与教学交流有直接关系的心理方面的差异。

(1) 智力差异

①认知发展的个别差异

这突出地表现在人的思维差异上。从皮亚杰所说的前运算到具体运算的过渡，和从具体运算到形式运算的过渡，在不同个体身上存在显著差异。甚至是同一个人在某一学科领域的思维可能达到形式运算水平，但遇到新的困难时，其思维又会退回到具体运算水平。而且，个人在某门经验较丰富的学科能进行形式运算思维。

②认知风格的差异

认知风格的个别差异，也许是与教学关系最为密切的个别差异，它本身就是学生学习的一个重要方面，影响着师生的相互作用。认知风格一般指两个基本方面：一是指个体在学习中处理信息的方式；二是指个体在对事物做出反应时所使用的策略。它总是与人如何处理学习中的信息或解决问题有关的。心理学家经过研究，确认在不同的个体身上，有着不同的认知风格：注意刺激的整个特征与考察刺激的细节相对；区分刺激为几个大范畴与区分刺激为许多小范畴相对；直觉的归纳思维与逻辑的演绎思维相对；快速冲动的反应行为和缓慢会导致学习结构在速度和精确性方面及在品质方面的差异。

(2) 性别差异

由于男女两性在生理和社会生活环境，特别是社会对他们的期待上的不同，形成了男女心理上的差异。

(3) 自尊程度的差异

自尊程度强的人，对自己评价很高，对别人的评价往往偏低；自卑的人，对自己评价很低，认为自己什么都不行，处处不如人，而对其他人往往评价较高，在与他人交往中力求让他人接受自己。自尊心强的学生很注意教师对自己的评价，大多主动地按照教师的要求去行动。教师纠正他们的不符合要求的行为时，一般不需要有严厉的批评。而教师一旦伤害了他们的自尊心，他们就有可能向教师挑战，和教师对着干，以此来维护自尊。还有一些学生表面上很自尊，但事实上，他们是由于学业上的失败而非常自卑，于是虚张声势掩盖自己的自卑。

2. 教学目标

教学目标是否明确影响到课堂交流与教学效果。在传统语文教学观中，教学目标是指教师为贯彻和落实教育目的、完成具体的课堂任务所预设的一些具体的教学要求。它强调大纲和教材的规定性和教学效果评价的直接性。新的语文教学观认为，课堂是主体与客体之间的理解和合作，是主体与客体之间的沟通和对话，是个体主动建构的过程。教学目标更强调学生的学习目的性，"它简短地陈述了学生在接受学习后，应该是在自己的行为和能力上表现出来的预期成绩或进步",并注重教学目标的生成性。

3. 教学规则

课堂是教学活动的主要场所,语文教学是教学的重要内容之一,完善教学管理,建立语文教学规范,对于优化育人环境,维护正常教学秩序,保证和提高教学质量,都是十分必要的。为了达到这些目标,不同的学校或教育机构都制订了一系列的语文教学规则。

(二) 语文教学交流的基本要求

1. 公平地对待学生

教育公平一直是人们议论的敏感和热点话题之一。事实上,要保证教学公平,就是要达到教育起点和教育过程公平。教育起点公平就是要让每一位适龄学生有学上,而教育过程公平就是让孩子们上质量有保证的学。在九年义务教育基本普及的今天,我们所提倡的教育公平更多地表现为教育过程的公平。语文教学作为教育过程最重要的组成部分,应该成为体现教育公平的主阵地。因此,教师在与学生进行语文教学交流时,应该让更多的学生参与进来,从而能够促进尽可能多的学生的全面而充分的发展。

2. 保护学生的自尊心

在日常生活中,人与人之间的交流是以相互尊重为前提的。同样地,在语文教学交流中,教师与学生之间的交流也需要彼此尊重对方。然而,在实际的教学中,有相当一部分教师却不懂得这一点,在一定程度上伤害了学生的自尊心。这里同样以教师请学生回答问题为例。如果教师请了一位基础较差或性格较内向的学生来回答,而这位学生由于种种原因不能回答出来,这时性格急躁的老师也许会说"就知道你答不出,给我坐下"。相信任何一位学生听到老师在同学们面前这样说自己,都会受到一定程度的打击。尤其是那些学困生或性格内向者,他们平时就认为自己比别人差,显得很不自信。老师这样一说,他们就更加坚定地认为自己是一个"破罐子"。在以后的学习、生活、工作中,他们会"破罐子破摔"就不觉得奇怪了。事实上,在教师看来一句微不足道的话,而在学生心目中比千金还重,甚至会影响学生的一生。

3. 明确语文教学目标

语文教学活动是为了实现一定的教学目标而组织起来的。因此,课堂中教师与学生之间的交流需要有明确的教学目标。在实际的教学中,有很多教师往往顾此失彼,要么紧扣了教学目标却不能很好地与学生交流,要么与学生展开了充分而有效的交流却偏离了教学目标。两者之间的关系应该是:教学目标统领教学交流,而教学交流要为实现教学目标服务。教师作为教学交流的主要信息发送者应该承担主要的责任，尽力在教学目标与交流之间取得平衡，尽可能地实现教学设计时预先设定的教学目标。这里并不是说教学活动要始终按照预先设定的进程来进行，教师可以根据与学生交流获取的反馈信息，及时地对教学进程进行调整，但是这种调整也是为了能够实现整堂课的教学目标。而且在语文教学交流中，当学生作为信息发送者时，由于对授课教师整堂课的教学目标不是很清楚，加上本身的学识和能力相当有限，就不能很好地围绕教学目标来组织自己向老师和同学发送的信息。这时教师应当发挥自己作为语文教学中的主导者的作用，在学生发送的信息偏离语文教学目标时，及时地将他们引导回正常的教学轨道上来。

第三节　高中语文的学法指导

一、语文学法指导的意义与目标

（一）学法的含义及其特点

"学法"是相对于教法而言，具有狭义和广义之分的概念。狭义的学法，即学习方法，是指人们在学习中遵循一定的学习规律，为获取知识和能力而采用的手段和方法。"学习方法是学习活动赖以进行、学习任务赖以完成的手段。广义的学法，是指学习应该遵循的法则，包括认识学习规律、掌握学习方法、培养自学能力三个方面。认识学习规律，是指了解专业知识的逻辑性，懂得举一反三与触类旁通的道理；了解人脑的生理特点和个体的心理特点，懂得思维和记忆能力的作用。掌握学习方法，是指能从理论和实践上把握为解决具体学习问题而利用的手段，能以积极的学习方式，进入解决问题的过程。培养自学能力，是指学生在没有教师直接参与的情况下，能够以自己为主体，运用已掌握的知识、技能等去探求未知的新知识。

由于广义的学法大于"学习方法"这一概念，因此，学法具有如下特点。

1. 学习自主性

学会学习的学生，学习自主性强，不再依赖教师的讲授，而是主动要求自己不断提高独立学习能力。自主学习能够使学生更快捷地获取最新知识，形成语文能力，为养成自主学习能力、独立学习能力和解决问题的能力做好准备。实现自主学习的途径是：学生要学习目的明确，具有较强的学习自觉性；要主动争取教师的指导，培养自己独立获取知识的能力;要学会自觉设计问题,并强迫自己去解决问题,以促使自己不断进步;要跟同学相互督促与激励,增强自己的学习自主性。

2. 善于自我判别

充分地认识自己,根据自己的长处和不足扬长避短,是学会学习的要素。善于自我判别,才能有针对性地确定学习目标,制订自己的长远发展计划。自我判别,首先,要了解认识自我的主要内容,掌握自己的生理心理发展基本特点,了解自己是长于记忆,还是善于推理;是机灵,还是反应迟钝;是浮躁还是稳重等。认真分析后发扬长处,改掉不足。其次,要了解自己的语文基础知识及语文能力发展情况,注意查漏补缺,同步发展。再次,要了解自己的兴趣爱好和情绪意志,清楚自己的兴趣所在,有意识地培养自己利于今后发展的兴趣爱好,善于调节自己的情绪,通过意志来控制自己的情绪,养成学习的自觉性、果断性、自制力和坚韧的精神,以自觉地支配和调节自己的学习行动,从而获得良好学习成效。

3. 学习动机内趋化

学习动机具有定向作用、维持作用和强化作用,是推动学生不断学习和进步的力量,能够鼓励学生克服困难,以顽强的毅力实现学习目标。内在的学习动机主要来自学生对知识的渴望与追求。在要求人们终生学习的现代社会中,能学习、会学习,保持旺盛的学习热情和高昂的进取精神,是学习动机的应有功能。学生应该掌握增强学习动机的方法:树立正确的学习观和远大的理想,激发高尚的学习动机,强化内部动力;培养浓厚的学习兴趣,使自己产生强烈的好奇心和求知欲望,具有学习的推动力量;保持饱满的热情、稳定的情感,以维持长久的兴趣,不断克服学习困难,防止不良情绪的出现,干扰学习动力。

(二) 语文学法指导的意义

在语文教学中指导学生的学法,具有重要的意义。

1. 时代的发展需要进行学法指导

新知识呈现出飞速增长的趋势,学生要被动地接受铺天盖地的新知识,已非常困难。学生如何在积累知识的同时,养成独立获取知识、运用知识的能力,成为语文教师和学生都必须考虑的问题。在学生掌握必要的语文基础知识和基本能力的同时,教给学生科学的学习方法,才能使学生迎接新时代的各种挑战。

2. 终身教育的趋势呼唤学法指导

科学技术的不断进步,使得人们的就业观发生了根本转变,人们在不断变换工作岗位中必须不断地学习新知识，练就新技能才能生活与生存下去。终身学习、接受教育已是历史发展的必然趋势。学会学习，是每一个人必须具有的生存之道。未来的文盲不再是不识字的人，而是没有学会学习的人。在学校语文教育中，指导学生学会学习，是终身教育的需要。

3. 社会对人才的需求要求学法指导

现代社会需要各种具有特殊技艺、才能出众的人才。传统教育中死记硬背的学习方法，已经成为遏制学生个性发展，制约学生特殊才能发展的桎梏。每个学生都有自己的特长和优势，有的擅长逻辑思维，有的长于形象思维，有的则富于创造。学生只有在教师的指导下尽早发现和培养自己的特殊才智，才能确立正确的学习目标，有意识地进行训练，并且能够适应学习内容和学习方法的变化，找到最适合自己的学习方法，不断提高自己某一方面的能力。学法指导是快出人才、出好人才的需要。

（三）语文学法指导的目标

语文学法指导应该明确要达到怎样的目标，即教师应该知晓对学生某方面的指导最低应该达到何种程度。学法指导的目标包括：语文知识学习目标、语文能力目标、智力目标、审美修养目标、品德修养目标等。

1. 语文知识学习目标

语文知识学习目标包括现代汉语知识、古代汉语知识、各类文体读写知识、文学史常识、文学体裁知识、文学鉴赏知识、文化常识等。语文知识的学习是语文能力形成与发展的基础。

2. 语文能力目标

语文能力目标包括识字写字能力、阅读能力、写作能力、口语交际能力、语文综合性学习能力以及自主学习能力等，是学法指导的重点。其中读写能力与口语交际能力是核心能力，是一个人语文修养水平高低的主要标志。自主学习能力的养成是语文教师指导学生语文学习的最高境界，即能力目标的达成。

3. 智力目标

智力目标包括观察力、记忆力、联想力、想象力、思维能力等，其核心是思维能力。因为语言和思维有着相辅相成的关系，在语文教学中培养学生的思维能力有着得天独厚的条件。教师应该充分利用这种条件，在培养学生语言表达能力的同时，培养其内在的思维能力。

4. 审美修养目标

审美修养目标包括两个方面：审美知识，指学生能够了解文本中的自然美、社会美、艺术美、建筑美等基本美学知识；审美能力，指审美感受力、审美鉴赏力、审美创造力等。教师利用语文教学内容中的审美因素教给学生一定的审美知识，培养其审美能力，这符合语文课程标准的要求。

5. 品德修养目标

品德修养目标包括三大方面的培育目标：一是学生的政治思想修养，包括学生的世界观、人生观，政治信仰与政治觉悟，民族意识和爱国精神等，是人的基本修养；二是道德品质，是学生对人们共同生活及其行为的准则和规范的态度及遵守程度；三是个性心理品质，包括学生学习语文的兴趣、情感、意志、性格等。

二、语文学法指导的原则与途径

（一）语文学法指导的原则

学生要想正确而有效地掌握各个领域学习内容，教师必须把握住如下基本指导原则。

1. 帮助学生确立明确学习目标，选择学法

这是掌握学习方法的出发点。学习目标是人们预期的学习结果，学习行为的指南。明确而稳定的学习目标，具有导向和激励作用。学生在明确的学习目标指引下，才能精力集中，思想专一，信心增强，意志坚定，向着既定学习目标不断努力。想要成为作家的学生，不会去练声乐；想要成为书法家的学生，不会丢下楷书、行书练习去练写作。有了明确的学习目标，学生就会想方设法寻找实现目标的手段和方法，从而使得学法的掌握有了努力的方向。

2. 提醒学生做好语文"双基"准备，掌握学法

实现学习目标不是一件轻松的事情，要受许多因素的影响，其中很重要的一点是语文基础知识和语文基本能力的储备。"双基"储备是学会学习必备的条件。基础越扎实，就越能帮助学生认识学习规律，掌握学习方法。任何现在适合于学生自身的学法，都是在他原有学习基础上形成的，都是学习者原有学法的一种进步。基础越好，新阶段的学法就越能发挥其提高学习效率的作用；基础差，则会制约良好学习方法的形成。掌握学法，必须先做好语文知识和技能方面的准备。

3. 交给学生学用结合具体方式，检验学法

学习与获得学法的最终目的是为了运用。指导学生掌握学法，必须理论联系实际，把学习与运用有机结合起来。学法的获得离不开学习实践，在学习过程中又会检验学法的正确性和效用，不断完善学法。在学习中，学生必须做到：将书本知识和自己的学习实际紧密联系，在学中用，不断改进学法；要反复练习，学以致用，使学法的掌握在熟练中生巧。

4. 注意学思结合与学习能力的提高，反思学法

学贵有疑，学则须疑。于无疑处有疑，才能进步。对自己已经掌握的学法，要有积极的批判精神，不可墨守成规，守着固有的学法不放。要学思结合，在使用已经成型的学法时，要经常从其他侧面或反面考虑，该学法有无不足和缺陷？还能做哪些方面的改进？要勇于向权威挑战，不盲目崇拜名家。充分调动智力与非智力因素参与质疑，养成善于质疑的习惯。

（二）语文学法指导的途径

语文学法指导，可以从语文课堂、语文课外两个方面进行。

1. 语文课堂学法指导

学生学会学习，应从课堂学习开始；教师的语文学法指导也应该从课堂开始。因为课堂教学是语文学习的主阵地。针对语文课堂的预习、听课、记课堂笔记、练习和复习等几种学习方法，教师的指导必须做到：预习指导须重视、听课笔记要抓牢、复习指导显高效。

（1）预习指导须重视

预习指导与方法选择的出发点是：培养学生的自主学习能力，养成良好的阅读习惯和方法。依据预习指导的内容范围，提出如下指导方法要点。

①泛读指导

指导泛读课文，就是指导学生通览全文，对课文有个初步了解。这是阅读课文的第一步，正式授课前的准备性学习。其预习效果的好坏，直接影响到以后几个阶段的学习成效。这个阅读教学的起始阶段，与精读、复习相比，没有独立地位，看似容易实施，却不易见到成效。泛读指导的具体内容有：指导学生初步熟悉课文，把握课文的大意或故事梗概，确定阅读此文的基本态度和情感，而不是对细节的深究；指导学生思考课文标题，考虑文题与文章思想内容之间的关系，从而促进学生对课文思想内容的理解，使阅读沿着确

定的大方向顺利发展。

泛读指导有两个要点：一是设法激起学生的阅读兴趣，吸引其注意力。教师要边指导泛读，边细心观察和了解学生是否产生了阅读兴趣？兴趣源是什么？是怎样的兴趣？注意的指向性怎样？二是指导学生利用已有的生活经验，与课文所描写的内容寻求联结。如果学生没有或较少有相关的经验，就要在这个阶段设法去取得相关的经验。或组织课前观察，分组观察和个人观察结合，分项观察和综合观察结合，做好观察记录，课堂报告观察的结果。

②生字词学习指导

指导认识生字词，就是让学生自行找出并解决生字词，学会使用字词工具书。指导的目的是增加学生的识字量，丰富词汇储备，能较为顺畅地泛读。为达到此目的，必须重视工具书的使用指导。因为它有极其重要的教育作用：能培养学生自主学习能力，养成自觉学习、主动查考的习惯；能够让学生掌握确切无误的字词知识，扩大字词知识面，有助于培养严谨求实的学习态度；利用工具书对多音多义字词的辨识，能培养学生的分析和判断能力。

③预读思考指导

指导学生的思考，即给学生提出一些预习思考题，或直接让他们思考课文的题目，参照提示、注释，边阅读边思考。其目的是促进学生对文章内容大意的理解，以及对作者写作动机和观点的把握。

预读思考指导，要注意思考题的提出艺术。问题应有一定的启发性、针对性，能促进学生思考能力的发展。问题不能过多，也不能太少。应围绕教学的重点、难点提一些精要的、有纲举目张作用的问题。理解文题，可指导学生做一些题目替换练习，或直接问学生，以此激发学生的预习兴趣。

④作业指导

有些语文教师不太重视预习作业指导，往往只布置少量的口头作业，或在学生简单地朗读和默读课文之后，就直接转入课堂教学的中心环节。结果，预习流于形式，泛读的质量得不到保证。应加强这方面的指导，以保证预习的质量。

给学生布置作业，这是促使学生理解课文大意的一项必要措施。作业的形式不应只限于口头，还应有适当的书面作业。如让学生在课文中标记生字词或重要的字词句，标记给自己留下最深刻印象的地方，以及理解上的疑难之处等。翻查工具书及参考资料所得的结果，也应在课文相应的地方做上标记，以养成不动笔墨不读书的良好习惯。

（2）听课笔记要抓牢

听课，是课堂学习的中心环节。对学生的听课应该主要抓以下几个方面。

①听课的指导要点

A. 随时提醒学生听课要保持高度集中的注意力

上课时，要有目的地听讲，带着自己在预习时遇到的问题听课。要把自己的理解与教师的讲解内容进行对比，纠正自己主观理解的错误，加深对新知识的理解和记忆。同时，要避免养成不良的听课习惯：走神——即人在课堂心在课外的现象；追求有趣——只对趣味性强的课感兴趣，不愿意听说明文等趣味性差的课；只听不记——或只记不听；偏听——只关注教师讲课的例子和事实，不注意教师所阐述的观点，更忽视教师是如何用事实来说明观点的；或浅尝辄止，不愿意多动脑筋进行深入思考；挑剔——先入为主，认为教师讲得不好，不去认真听教师所讲的内容。

当学生出现走神的情况时，教师应该用各种方式把学生的注意力"抓"回来。比如采用不影响大多数学生听课的眼神点示法、身姿体态语提示法等。当学生只听不记，或只记不听时，用明确的语言要求学生听或者记。当学生只关注教师讲课的例子和事实，不注意其所阐述的观点时，启发学生思考：教师是如何用事实来说明观点的。当学生读所应当探究的问题浅尝辄止时，要求学生再多动脑筋深入思考。

B. 鼓励学生主动回答问题

对教师提出的各种问题，应该主动回答，尽量争取让教师单独听答，以获得课堂上宝贵的个别指导机会。如果总是人云亦云，跟在别人的后边回答，难以锻炼自己的思维能力。抢着回答问题，能够促使自己大脑细胞活跃起来，练习思维的敏捷性。

对总爱跟在别人的后边回答，少有自己的观点的学生，要求他们尽量用自己的话回答问题。对很少发言的学生，给予更多的参与讨论和当众发言的机会。

②听课笔记指导要点

记笔记是课堂学习中把握重点、理清思路、集中注意、巩固记忆的有效方法。

A. 记笔记的内容。可以是教师的讲课提纲、解疑思路、重要的概念、问题的推导过程、自己受到的启发、产生的联想等，也可以是别人与自己的理解不一致之处。对教师总结整节课的课堂小结，对整个学习内容的系统归纳和概括语言，都应该及时记录下来，但记录要简明扼要。

B. 课堂笔记的方法。笔记可以记在专门的笔记本上，也可以记在课本上。不论记在哪里都要条理清楚。应该记得言简意赅，不能记得太细，企图把教师的讲课内容都记下来，这样既耽误了听课，又可能使笔记纷乱复杂，缺少清晰的线索。比如分析文中人物的语言、动作、心理等,可以在文本中相应的地方只做出符号,或者记为"心理描写"字样。文字最好记在文本的上下左右的空白处,不宜写在文字行间,不易辨识,也不美观。记笔记,要以听为主,以记为辅。不可只记不听,也不可只听不记。

C. 课堂笔记应及时整理。当堂记录的学习内容,由于时间紧,难免有这样或那样的缺漏。下课后,最好能及时回忆,把笔记整理一番,以补各种缺漏。可以采用补、改、编、舍、分类的方法进行完善。整理笔记的方法有:补,及时补充内容,完善笔记;改,根据回忆改正笔记中不准确的部分;编,用统一的序号,对笔记内容进行提纲式的逻辑排列;舍,删掉无关紧要的笔记内容;分,给笔记内容进行分类。

2. 语文课外学法指导

语文课外学法指导,主要是语文课外读写指导、语文活动的指导两个方面。

(1) 语文课外读写指导

①课外读写指导的意义

课外读写指导,是指教师对学生语文课堂教学之外的阅读写作实践活动所进行的指导。随着社会的发展,课外读写活动成为语文教学的重要组成部分之一。

学生的课外读写活动与语文课堂教学有着密切的联系。学生在课堂上学习的语文基础知识和听、说、读、写的基本能力,学习语文的方法等,通过课外的反复读写实践、运用,能够进一步提高自身的语文能力。学生的课外读写活动,实际上已经成为课堂教学的必要补充和延续,同课堂教学有着同等重要的地位。对学生的课外读写活动进行有效指导,是每一位语文教师都必须具备的教学基本功。语文教师有目的、有计划地进行课外读写指导技能训练,对提高自己的教学素养有重要作用。

②课外读写活动的特点

课外读写活动,具有自身独特的特点。

A. 兴趣性。兴趣是最好的教师。在课堂教学中,学生们的兴趣由于各种原因常常被忽视或降低到次要的地位上。课外读写活动则把兴趣本身作为学生活动的动机,使兴趣成为学生学习的内趋力,让学生投入了更大的热情,促使学生的个性得到发展。课外读写活动能够帮助学生形成兴趣,稳定已有的兴趣,完善自己的个性,为今后的学习打下坚实的读写基础。

B. 自主性。学生在课外的读写活动,理应根据自己的兴趣、爱好和特长,主动选择。强迫的学习往往会使学生产生逆反心理和行为,引起对读写的不满,从而减弱读写的效果。学生是学习的主人,对课外的读写内容,有自主选择的权利。教师不能不闻不问,放任自流,也不能像上课那样指令学生读什么写什么,应当让学生充分享受课外语文学习的读写自由。

C. 广泛性。课外读写活动，其内容不受教学大纲和教材的制约，其活动的时间、地点和范围没有任何限制。学习的内容不仅仅局限在几册课本之内，家中的藏书、报纸、广播与电视，社会上的各种信息资料，街头宣传和群众词汇，图书馆里的各种图书杂志等，都是课外阅读的内容和练笔的素材。学生可以根据自己学习的需要，在课堂外的任何时间、地点，环境自由选择任何自己感兴趣的读写内容，拓宽自己的知识视野，提高自己的语文能力。

（2）语文活动的指导

①语文活动的意义及其指导原则

语文活动，是课堂教学的一种形式，具有课堂教学组织形式的班级集体、课时统一等主要特点，与讲读课、作文课、听说课相辅相成，共同实现语文课程标准（教学大纲）的要求。语文活动不是课外活动，它是在教师主导下的学习活动，与学生自主的课外活动不同。

语文活动作为新兴的语文教学内容，不仅扩展了传统语文教学领域，而且能够激发学生语文学习的兴趣，增强对学生听说读写基本能力训练的力度，有利于发展学生的智力，有利于培养学生良好的个性品质，因而受到了广大学生的欢迎。语文活动的组织技能，已成为现代语文教师必备的教学基本功之一。

组织语文活动，教师必须注意以下指导原则。

A. 创设活动情境，让学生动手实践。由于受应试教育的影响等原因，现在的课堂教学给学生的实践机会太少。语文教师应该尽最大可能创设活动情境，给学生更多的实践机会，全方位地开展语文训练，使学生学练结合。要让学生真正地"动"起来，不要把活动课搞成讲座课或变相的教师讲授课。

B. 调动学生自主性，发展其兴趣特长。活动课的主角应该是学生，让学生自主活动，充分发挥自己的兴趣与特长，是语文活动成功的关键。教师的指导任务主要是：做活动的组织者，但不包办代替，要让每一个学生都能参与活动；主持活动，但不要包揽活动策划人的所有工作；做学生活动的点拨者，启发引导学生的语文活动向更深层次进行。

C. 活动安排科学有序，提高活动效率。语文活动的安排应该合理、科学，要有由低级向高级、由单一向综合发展的循序渐进安排。各类活动均有不同的优缺点，应因人、因时、因地制宜，交叉安排各类活动，保持学生参与活动的兴趣，防止活动课流于形式，避免追求表面上的轰轰烈烈而学生收获不大的情况出现。要使学生在合理安排的活动中体会进步的喜悦，力避因活动课缺少吸引力而导致高年级学生流失的现象。

②语文活动类型指导

指导学生的语文活动，可以采用以下类型。

A. 竞赛类。利用学生争强好胜的竞争心理，以活动小组或班级为单位开展活动，培养学生的集体合作精神。如：看图说话、查字词典比赛、说绕口令、背诵古诗、朗读比赛、故事会、猜猜他（她）是谁、比比谁的思维更敏捷等等。竞赛题目短小、生动，活动节奏快，气氛热烈，学生兴致高。

B. 展览类。展示一个阶段学生语文活动的成果，展现出学生的个性与特长，可激励学生向更高的目标迈进。如：手抄报展、剪报展、日记展、周记展、设计班徽、个人收藏品展览、自制贺卡展览、文学社或诗社刊物展览等等。

C. 文娱类。文娱类是寓学于乐，轻松活泼的活动形式。能够发展学生的观察力、想象力，吸引学生积极参与。如：成语接龙、连字游戏、成语填空、电影片名填空、击鼓传花猜谜语、找朋友对对子、校园歇后语汇萃、流行歌曲新解，等等。组织这类活动，要营造好氛围，使学生在轻松愉快的气氛中动起来，乐起来，让学生在快乐中学习高中语文。

D. 实践类。学生参与社会组织的语文活动，或走入社会，运用和检验语文能力。如参加社会上的征文活动、文化纪念活动、文学社团活动、各种语文比赛等；进行自主性的语文活动，如：上街寻找错别字、街头流行语辨析、俚语收集评析、访问身边的名人、社会调查等。

第三章 高中语文核心素养的培养

第一节 高中语文合作学习的教学

一、合作学习概述

（一）合作学习的含义

世界许多国家和地区都对合作学习进行了实践和研究。由于不同研究者对合作学习的认识视角有着很大的差别，因此，对于合作学习的界定也不尽相同。

所谓合作学习，就是指课堂教学以小组学习为主要组织形式，根据一定的合作性程序和方法促使学生在异质小组中共同学习，从而利用合作性人际交往促成学生认知、情感的教学策略体系。

合作学习就是以小组为基本的组织形式，小组成员互相帮助，共同达成学习目标的活动。

合作学习指的是一直能够互动性学习方法，即以小组为学习单位，小组中的每个成员对总的学习任务的某些方面负责，最终使本组的每个成员顺利完成学习任务。

合作学习其内涵至少涉及以下几个方面：合作学习是以小组活动为主体进行的一种教学活动；合作学习是一种同伴之间的合作互助活动；合作学习是一种目标导向活动，是为达成一定的教学目标而展开的；合作学习是以各个小组在达到目标过程中的总体成绩为奖励依据的；合作学习是由教师分配学习任务和控制教学进程的。

综合上述多种表述，合作学习可以理解为：就是以合作学习小组为基本形式，系统利用教学中动态因素之间的互动，促进学生的学习，以团体的成绩为评价标准，共同达成教学目标的教学活动。

（二）合作学习的基本要素

为了更好地在语文教学实践中有效地组织合作学习，就有必要分清什么是合作学习的基本要素。合作学习的基本要素就是指任何一个合作学习都必须具备的因素，不管合作学习的具体方式、方法如何，离开了这些基本因素，就不是真正的合作学习。这些基本要素是合作学习区别于其他教学活动的特定品质。合作学习的基本要素包括以下几个方面：

1. 相互依存性

要顺利地开展合作学习，避免"搭便车""小权威"等现象的出现，一个非常重要的因素就是应该使学生之间建立起积极的相互依存关系。即每个学生必须清晰认识到他与组员之间密不可分的关系：第一，组员成功，自己才能成功，反之亦然；第二，自己的努力是小组成功必不可少的条件，小组的成功离不开每一个人的积极贡献。在合作学习中，小组成员之间有着"我为人人，人人为我""同舟共济"的依存关系，这是合作学习必备的一个基本要素。合作学习中学生的相互依存性具体体现在：共同的小组目标、组员角色互补、资料共享以及共同的奖励。

2. 合作的意愿

在合作学习中，需要学生们相互鼓励、支持和帮助，有着为了达成共同的目标、取得良好成绩、完成任务等而努力的意愿，以及组内合作，组间良性竞争的态度。具体表现为：相互之间能提供足够和有效的帮助；能诚恳交流所需的信息和材料；相互信任；对彼此观点进行质疑，群策群力。

3. 个体的责任

个体责任的存在是所有成员都能从合作学习中受益的关键。个体责任是指每个学生都必须承担一定的学习任务，并对自己和小组工作的最终结果负责。个体责任通常是通过对每个学生表现的评估来体现的，通过反馈评估情况，增强每个学生的责任心。在合作学习中，当每个小组成员明确认识到个人的存在对小组的意义，认识到个人与集体的关系时，才能真正主动参与讨论，克服消极等待或依赖别人的心理。个体责任是合作学习的另一个实质性的要件。

4. 合作的技能

合作学习与竞争性学习以及个体化学习不同，在合作学习中，学生们必须同时进行两种活动，一种是作业活动（学习学科知识），另一种是小组活动（在合作的学习形式下学习)。所以这需要学生掌握一定的社交技能，才能进行高质量的合作，以更好地促进学习。为了协同各种努力以达成共同的目标，学生必须学会：彼此的认可和相互信任，进行准确的交流，彼此接纳和支持，有效地解决组内的冲突，建设性地解决问题。

二、合作学习的语文教学原则

合作学习的课堂管理应运用恰当的教育教学手段，调动学生的主观能动性，优化课堂教学结构，提高课堂教学效益，全面提高学生的综合素质。具体而言，应遵循如下原则：

(一) 成功机会均等原则

成功机会均等是指学生通过提高自己的成绩来对他们的小组做出贡献。这种学习是标准参照性的，即与自己的过去的表现和成绩相比较，而不是常模参照性的。这就保证了学习上优、中、差的学生都能尽其所能，而且所有组员的贡献都会受到重视，从而达到使所有学生共同进步的目的，每个学生在学习中都应该有平等的发展权利。合作学习方法倡导的异质小组，它承认学生之间存在的各种各样的差异，这样就有利于学习困难学生的进步。因而教师一定要在小组组建中将学困生和优秀生进行搭配，在小组活动中利用优秀生带动学困生学习，激发他们学习的兴趣，教会学困生学习的方法。同时教师要充分利用合作学习中设置的基础分来计算提高分，以提高分作为对学生评价的依据，这样可以激励学习困难的学生获得学习的成就感并提高他们的学习兴趣。

(二) 小组激励评价原则

新的评价理念注重学生在评价中的主体地位，通过评价使学生学会分析自己的成绩与不足，明确努力的方向。还要求注重形成性评价，使学生获得成就感，增强自信心，培养合作精神。而合作学习作为一种以团体成绩为奖励依据的一种教学活动适应了新课程标准的要求。合作学习通常不以个人的成绩作为评价的依据，而是以各个小组在达到目标过程中的总体成绩作为评价与奖励的标准。这种机制可以把个人之间的竞争转化为小组之间的竞争，从而促使小组内部的合作，使学生在自己的小组中各尽所能，得到最大限度的发展。以小组总体成绩为评价依据来决定奖励，由过去对学生个人的奖励发展为面向小组的合作性奖励，这就使更多的学生获得成功的乐趣，提高了合作学习的积极性。

(三) 相互依赖原则

这条原则是指教师在合作学习中，要为学生创设一个相互依赖的交往环境（包括物质的和心理的环境），使学生在完成学习任务的过程中，主体性得以充分体现，人格得以完满发展。基本要求如下：

1. 目标相互依赖

教师给每个学习小组提供一个或若干个共同目标，目标的实现依赖于每一个小组成员的齐心协力。这样做，就会使学生希望成功的动机增强，因为每一个人不仅仅是为了自己要取得成功，而且也为了整个小组成员都能成功。这种强烈的动机将会使学生更为长久地参与到教学任务中去，并且尽可能地把每项任务完成得更好。

2. 资料相互依赖

语文教师让小组成员拥有不同的资料，这些资料可以是两种：信息和设备。每一组中没有谁占有全部资料，学生必须分享各自的资料才能成功地完成某项任务。例如，分组阅读中，每个组员分到同一篇阅读材料的不同部分，然后，他们离开自己的本组与其他组有相同部分材料的同学相会组成专家组，这个专家组的目标是把这段材料学好，并准备把其内容教给本组同伴。接着，学生间到各自的小组轮流讲授各自掌握的这部分材料，共同完成整篇材料的阅读任务。这种做法能增进学生之间的交往和互相帮助。

3. 角色相互依赖

教师分配组员（或由小组自行分配）担任不同的角色共同完成某种任务，这些角色是互补的、相连的、可以轮换的，并且每种角色都要为全组承担相应的责任。由于每个人都有自己的角色和任务，因而每个学生都有均等的机会参与交流，有均等的机会表现自己和帮助他人，课堂上没有"被遗忘的角落"。这种学习，不仅增强了学生的责任感、自尊感和归属感，使每个学生都乐意为小组的成功尽心尽力，而且由于焦虑程度降低，因此，学生敢于发表自己的见解，大胆尝试新方法和发挥创造性。

4. 奖励相互依赖

这主要是指在学习小组中，一个或者更多的小组成员的优异表现为整个小组赢得奖励，也就是小组成绩共享。例如，教师为小组提供材料并准备小测验，每个学生的小测验成绩关系到小组的整体成绩，因此，每个学生务必为小组的整体成绩做贡献，学生对小组的贡献，是看他们在小测验中的成绩是否比他们自己过去小测验的平均成绩有所提高。这样，当小组中能力较弱的同学对小组的贡献也可能和能力强的同学一样多，他们有相同的机会为本组取得分数。当每个学生分享给予小组的奖励时，这种奖励是建设性的。它能使学生享受到更多的成功的快乐，并激励他们为继续取得成功而努力施展自己的才能，努力帮助他人也获得成功。

（四）最小干预原则

当正常课堂行为受到干预时，应该采用最简单的最小值的干预纠正违规行为。如果最小值的干预没有发生作用，可逐步增加干预值，主要目的是既要有效地处理违规行为，又要避免对教学产生不必要的干扰。干预的结果，应该是尽可能使教与学的活动继续进行，使违规行为得到较好的控制。

如果让那些出现了行为问题的学生成为教室里的注意力焦点，他们反而会获得成就感，进而得寸进尺。有经验的教师都会以不太引人注意的方式来处理学生的行为问题。他们会在自己的讲课中把学生的名字带进去，被叫到名字的学生自然会得到提醒，而其他学生则可能不会觉察出什么问题来。

（五）主体性原则

主体性原则是指在合作学习中充分调动学生的主体性、自主性、能动性和创造性，使他们积极主动地参与小组讨论和学习，获得全方位的发展。在合作学习的课堂教学管理活动中，学生不仅仅是管理的对象，也是管理的主体。学生通过能动地参与语文教学管理，自主地组织教学活动，创造性地解决教学问题，负责任地选择课堂行为来体现管理中的主体性。主体性原则包括两方面的内容：一方面，课堂管理者需要充分尊重学生的主体性，充分尊重学生在课堂中的地位，把学生看作课堂活动的主体，当作具有独立个性的人来看待，树立正确的学生观；另一方面，教师在管理过程中要创造一些有利的条件，帮助并引导学生形成主体性人格，即学生愿意自主地选择正当行为，而非某种外在权威和传统习俗的强制。也就是从"自发"到"自觉"地建立和维护课堂秩序，主动地参与课堂教学管理。由于学生主体性得到了体现，自然会产生求知欲望，会把学习科学文化知识当作乐趣，最终进入学会、会学的境界，在掌握科学文化知识的同时，提高合作意识与合作技能，使小组合作学习进入良性循环阶段。

（六）有效指导原则

在合作学习中，把学习的主动权交给学生，提供给学生更多地建构属于他们自己意义的时间和空间，更多地展示自己思维的机会，以及更多地解释和评价自己思维结果的权利，这并不意味着教师指导作用的削弱。相反，教师应根据教学环节的变化而变化，充当有效的组织者、引导者甚至合作者。在整个过程中，教师应是以一种友好的、建设性的态度和行为，既不能过多地干预学生思考的过程和结果，又不能对学生的困难和疑问袖手旁观。

在合作学习中，不能只注重生生互动而忽视了师生互动。没有教师的正确指导，学生自身又缺乏相应的认识和方法，就达不到合作学习的目的。在教学中，教师应有意识地给予学生必要的引导，注意培养学生良好的合作能力。具体来说，合作前，教师应指导学生开展合作学习前的独立思考；合作时，教师应让学生明确合作学习的任务和目标；合作中，教师应积极推动学生合作学习行为的深入。可以说，合作学习的成功与否，同教师是否积极引导与参与是分不开的，在合作学习中，教师不是退居二线，而是担负起更大的管理和调控职责。要使合作学习顺利开展，仅仅依靠教师事先的设计是远远不够的。在开展合作学习过程中，除了事先宣布合作规则外，在很多情况下，教师必须对各个小组的合作学习进行现场观察和介入，为他们提供及时有效的指导。

三、合作学习的语文教学策略

合作学习在语文教学实施过程中产生了一些问题，其中有些与课堂组织管理不当有关。如果能针对问题采取行之有效的课堂管理策略，必将有助于合作学习达到预期效果。

（一）对所期望的行为给予关注

在课堂上教师要做到对他所期望的行为给予关注，这样其他小组很快就会模仿受到教师积极关注的小组。有些教师在上课时为了提醒不注意听课的同学认真听课，往往要点这些同学的名，即使是教师严厉地批评了上课说话的学生，其他学生也会模仿这位受到关注的学生的行为，以引起教师注意，这样反而达不到预期的目的。在大班额的合作学习的课堂上，首先，要让学生明确教师的期望，向学生清楚地说明成功的课堂活动必需的行为以及哪些行为是有价值的，如认真倾听、不打断别人的说话、按顺序发言等；其次，对达到教师期望行为的小组给予关注，如教师希望小组不要太吵，就对那些太吵的小组不予理睬，而对那些在小组中小声讨论的小组给予特殊的认可，并向全班说明模范小组之所以受到认可的原因，很快大多数小组都会小声讨论了。

（二）使用"零噪音信号"管理课堂

由于班级人数较多，在小组组建后，由众多小组组成的班级会变得较为嘈杂，这是一种自然趋向。当一个小组在交谈时，邻近的小组谈话的声音就得稍微大一点，才能使小组成员听得见，这就迫使第一个小组再提高一下声音，由此噪音就会不断加大，从而影响学习。教师要学会控制噪音，让全班学生对零噪音信号做出迅速反应，使噪音降至零点。

"零噪音信号"是使学生停止说话，全神贯注于教师，保持身体处于静止状态的一种信号。一种有效的方法是教师举起一只手，这一信号是极其方便的，这样做的优点是当教师举起一只手时，看到这一信号的学生也会举起手来，并会迅速传遍全班。"零噪音信号"的有效性在很大程度上取决于积极的小组奖励的有效性。奖励必须是明确的和公开的，而且要在期望的行为出现之后立即奖励。如果你运用举手作为信号，那么就要对在你举起手之后的第一个迅速停下来全神贯注的小组给予特殊认可或奖励。

（三）对优秀小组及时表扬

对于表扬作用的强调再多也不过分。如在运用"零噪音信号"的时候，教师可走到班级表现最好的小组边，对他们发出零噪音信号，把每个人的注意力都吸引到这个组来，对他们的良好表现进行表扬，并清楚地说明你喜欢他们的哪些行为。小组表扬建立了课堂的行为规范，学生知道了什么行为是有价值的。对优秀小组的表扬可以是多种形式的，可以给小组加分，每周评出优秀小组进行表彰，或把优秀小组的学生名单登在班级板报上。

（四）不轻易调换组员

在合作小组中，决定小组创造力的并不是小组成员的构成，而是小组成员的互动方式。在合作初期小组成员可能会出现不友好、不合作的现象，或有些成员要求调换小组，教师要慎重考虑，轻易不要调换组员。把在合作学习的有效运作上出现问题的小组拆散，这样做是没有建设性的，这样学生就没有机会来学习如何解决与他人合作中遇到问题所需的技巧了。作为教师，可以决定谁跟谁一起学。对于班上受孤立的学生，应选择班上最受欢迎、最愿意帮助他人且最细心的学生，与他一起学习，保证班上没有一个学生被遗忘、被拒绝或自认为不属于任何小组。

（五）确定合作目标和任务

合作学习是一种目标导向活动，在目标上，注重突出教学的情感功能，追求教学在认识、情感和技能上的均衡达成。在合作学习过程中，教师要以学习小组为单位制订学习目标，小组学习目标一经确定，每个成员必须遵从。在合作学习过程中，小组成员不仅要努力达成个人目标，而且要帮助同伴实现目标，通过相互协作，共同完成学习任务。

（六）制订合作学习规则

合作学习规则能规范小组学习，增进课堂教学管理，提高合作学习效率。合作学习规则主要包括五个方面：自我管理，包括不离座位、不讲废话、控制音量、不扰他人；听人发言，包括不随意插话、听完再议、记住要点、恰当评价；自己发言，包括独立思考、先想后说、围绕中心、口齿清楚；互帮互助，包括虚心请教、关心同学、主动热情、耐心细致；说服别人，包括学会质疑、先同后异、尊重诚恳、以理服人。

（七）发挥小组长的职责

小组划分后，教师要为各组指定一个比较有领导才能的小组长。小组长主要负责召集并主持小组学习、分配学习任务、组织讨论、做好总结等。在合作学习的开始阶段，小组长应该由能力强、威信高、人缘好的学生担当。教师要对小组长进行相应的角色和技能培训，既要给他们一定的权力，又要预防他们成为垄断和包办小组学习任务的"小权威"。

（八）强化学生的自我管理

实际上，真正有效的管理是学生自我的内在管理。课堂既然是教师与学生的共创，那么，学生同教师一样，也是课堂中具有独立精神意志的主人。而且，课堂活动的最终目的是促进学生的健康发展，离开了学生的参与、支持与合作，课堂管理便失去了意义。内在管理强调学生积极主动地参与，在参与过程中形成自主意识和责任感，从而激发其主动和创造精神。内在管理不仅能提高课堂管理的效益，而且能发挥学生的聪明才智，有利于他们的成长和发展。

（九）培养合作技能

学生拥有良好的合作技能是合作学习成功的重要保证，但学生合作技能的形成和发展却不是一个自然的过程，需要教师进行有意识的培养与训练。教师在教学过程中指导学生学习合作技能，一方面可以正面传授，在小组合作学习前提出明确的教学要求，或在小组学习中提供适当的指导；另一方面可创设情境，促使学生在实际锻炼中学会如何与他人共同完成学习任务。

第二节　高中语文自主学习的教学

一、自主学习概述

课程与教学改革倡导的自主学习有其自身的特点和内在机制，教师只有正确理解和把握自主学习，才能转化为实际的教学行为，真正实现自主学习的价值。

（一）自主学习的含义

同许多心理学概念一样，自主学习也是一个难下定义的概念。由于各学派研究者的理论立场和关注方面的不同，因此，研究者对其内涵和外延各有侧重，难以统一。有的观点从参与学习的心理成分出发，认为自主学习是某些体现了个体能动性和积极性心理品质的集合。只要学习者在这些心理品质上的表现符合某种期望，那么，这种学习就可以被认为是自主学习；有的观点从学习活动自身的构成要素角度来审视学习者的行为结果，在学习者与学习的内部和外部环境条件之间搭建平台，以交互作用程度的外在表现来确定自主学习，使自主学习的理论更加贴近教学实际；有的观点从自主学习的本质特点出发，将学习者的主体性发挥作为自主学习的依据，把自主学习的研究引导到哲学层面。

（二）自主学习的特征

了解、认识自主学习的特征，对于准确理解自主学习是十分必要的，还可以帮助我们走出一些认识误区。以国内学者的研究成果为基础，参考国外学者的有关研究，自主学习的特征可以概括为自主性、独立性、过程性、相对性和有效性。

1. 自主性

自主学习是针对学习活动中教师是教学的主体，学生从属于教师的指挥，被动地在教学内容中按部就班进行发展的统一模式所提出来的，其根本目的在于改变这种不注重学生主体性的片面教学，主张学生积极主动地参与到教学中，根据自己的实际情况确定学习发展的步调、方向和程度。它表现为学生的学习是基于自身内在需要的驱动，积极、主动地从事和管理自己的学习活动，而不是在外界的各种压力和要求下被动地从事学习活动，是"我要学"而不是"要我学"。如果学生学习是在外在压力、反感或排斥情境下的迫不得已，即使学习成绩再好，在学习中投入的精力再多，参与学习的心理成分再多，也不可能称之为自主学习。

2. 独立性

独立性是自主学习的核心品质，在学习活动中表现为"我能学"，每个学生都有表现自己独立学习能力的愿望，也都有相当强的独立学习的能力，他们在学校的整个学习过程其实也就是一个争取独立和日益独立的过程。在传统的教学中我们往往低估或漠视了学生独立学习的能力，忽视或压抑了学生独立学习的欲望，从而导致学生独立性的不断丧失。

自主学习要求把学习建立在人的独立性一面上，要求学生尽量减少对教师和他人的依赖，由自己做出选择和控制，独立地开展学习活动。但是，学生学习的独立性有个由教到学的过程。学生有个从他主到自主、从依赖到逐步走向独立的发展过程。在此过程中，教师的"导"和学生的"学"是绝对不可缺少的。因此，教师要尊重和呵护学生的主体性和独立性，逐步培养学生独立学习和解决问题的能力。与此同时，教师也应重视学生发展中的个体差异性，要关注个性，因材施教，促进发展。

3. 过程性

自主学习要求学生对为什么学习、能否学习、学习什么、如何学习等问题有自觉的意识和反应。它突出的表现在学生对学习的自我计划、自我调整、自我指导、自我强化。自主性的发挥是需要在学习活动的过程中加以体现。对于学习者来说，学习活动本身就是自主性能否成功发挥的媒介。因此，自主学习的认识和评价不能离开学习活动，否则只能是空中楼阁。学习活动过程包括学习前的准备工作，学习进程中的信息加工，学习后的评价与反思等。即在学习活动之前，学生能够自己确定学习目标、制订学习计划、选择学习方法、做好学习准备；在学习活动中，能对自己的学习过程、学习状态、学习行为进行自我观察、自我审视、自我调节；在学习活动之后，能够对自己的学习结果进行自我检查、自我总结、自我评价和自我补救。自主性应该在各个阶段都能得以最充分的体现，但是在表现形式上可能有所不同。如果学习者在某个阶段上缺乏自主性，也不能称之为自主学习。因此，自主学习是学习者在学习活动过程各个阶段自主性发挥的统合。

4. 相对性

自主学习的相对性，这是由学校教育的基本特点和学生身心发展规律所决定的，它是区别于成人自学的一个基本特征。在实际的学习情境中，完全自主的学习和完全不自主的学习都较少，多数学习介于这两极之间。也就是说，学生的学习在有些方面可能是自主的，而在另一些方面可能是不自主的。这是因为，就在校学生来讲，他们在学习的许多方面，如学习时间、学习内容等，都不可能完全由自己来决定，也不可能完全摆脱对教师的依赖。要分清学生在学习的哪些方面是自主的，哪些方面是不自主的，或者说学习的自主程度有多大。做到这一点才可以针对学生学习的不同方面进行自主性的教育和培养。

二、自主学习的语文教学原则

根据自主学习的特点，要充分体现自主学习的价值，需要高中语文教师在组织自主学习时遵循以下基本原则。

（一）目标性原则

自主学习的语文课堂管理应当有正确而明晰的目标，它向教学目标的实现提供保证，最终指向教学目标。目标本身具有管理功能，直接影响和制约师生的课堂活动，能起积极的导向作用。并且，目标使学生成为积极的管理者和参与者，对于发挥学生自觉的求知热情，增强学生自我管理能力，也具有积极意义。

教学过程中，教和学的活动首先要确定好准确适度的目标，使知识的难度恰好落在学生通过努力可以达到的潜在接受能力上，从而不断构建新的知识结构。在这种目标的适度要求下，教材的处理、教学方法的运用、教学过程的每一环节，都要体现学习目标。只有树立目标意识，教师的教和学生的学才会同步提高。

激发学生自主探求的兴趣和欲望，这是构建自主学习课堂教学模式的核心要素。如果让学生根据自身的情况，在老师的帮助下确定对自己有意义的学习目标，自己确定学习进度，那么学生的学习兴趣肯定非常浓厚。让每个学生在课堂中充分行使自己的权利，充分享受学习的乐趣，这就给了学生自由选择的权利，为他们提供了主动探究的空间。

（二）自主性原则

在语文教学过程中，教师一方面要创造机会，乐于放手。要积极为学生提供自由思考的时间和机会，为全体学生创设一个主动探索的空间；另一方面要相信学生，敢于放手。学生是学习的主体，他们有自己的思维方式，有一定的知识积累，对一些知识的学习，学生独立或通过合作是能够解决的。作为教师要让学生在课堂有限的时间和空间内，多读、多说、多思，使学生真正成为课堂的主人。同时，大力创造学习的机会，学生能发现的教师不暗示，学生能叙述的教师不替代，学生能操作的教师不示范，学生能提问的教师不先问，使学生在力所能及的范围内跳起来摘果子吃，让学生自主地运用所学知识去解决实际问题。

此外，语文教师要立足学生，善于放手。我们的语文教学不是无目的地放手，当学生对知识不理解或操作不规范时，我们要加以引导。自主学习并不意味着任由学生自己学，同样也离不开教师的导。教师要善于在方法上引导，在关键处点拨。

（三）参与性原则

自主学习活动取得有效成果的前提就是学生的全员参加和全身心地投入学习。学生只有充分投入，积极参与，才能使自主学习成为可能。为此，自主学习的课堂管理要做到以下几个方面：一是语文教师应采取各种方法进行热情动员，关注全体学生，促使不同层次的学生都积极参与课堂教学；二是要做到学生在自学活动中多种感官并用，观、读、思、做几方面有机地结合运用；三是要最大限度地把课堂教学的时间和空间交给学生，使学生真正参与课堂，成为课堂学习的中心和主体。

（四）反馈性原则

运用信息反馈原理，对语文课堂管理进行主动而自觉的调节和修正，是反馈性原则的基本要求。在语文教学中，教师应当不断分析把握教学目标与课堂管理现状之间存在的偏差，运用自己的教学机制，因势利导，确定课堂管理的各种新举措，作用于全班同学，善于在变化的教学过程中寻求优化的管理对策，而不应拘泥于一成不变的管理方案。此外，应积极关注不同程度学生自主学习的完成情况，准确把握学生学习的反馈信息，并以此确定课堂指导的内容及策略，增强教师课堂指导的针对性及有效性，使学生的自主学习更为有效。

三、自主学习的语文教学策略

语文课堂管理是指语文教师在教学活动中通过协调课堂内各种人际关系，吸引学生积极参与课堂活动，使课堂环境达到最优化的状态，从而实现教学目标的过程。课堂管理的根本是创设良好的学习环境，促进学生有效的学习。有利于学生自主学习的课堂管理应该以满足学生的自主要求为切入口，以和谐的人际关系为基础，以学生的自我管理和自律为特征，以积极的师生对话为主要手段。为了促进学生的自主学习，教师可以采用如下一些课堂管理策略。

（一）设置有利于学生自主学习的目标任务

1. 创设具有挑战性的目标

教学目标是教师进行教学活动的指南，在大多数情况下，教学目标是由国家、学校或教师来确定，学生只能被动地接受这些目标。在这种情况之下，如果教学目标设置不够合理，则会对学生的自主学习造成一定的消极影响。因此，高中教师设置学习目标时，应注意以下几个方面。

首先，教师应把提高学生自主学习能力设为最终目标，并在教学中有意识地强化学生自主学习的能力，将其作为教学目标的重要部分；其次，教师应设置明确、具体、适度的教学目标来引导学生进行自主学习。并促进学生对教学目标的认同。具体的、近期的、能够完成而又有挑战性的学习目标更有助于促进学生的自主学习。具备这种特征的学习目标更容易让学生经常体验到成功，逐步增强对自己的学习能力的信心。语文教师要在课堂中经常设问，使学生始终沉浸在问题情境之中，获得自我探索、自我思考、自我表现的实践机会。挑战性的目标难度要适中，切合学生实际，学生经过一番努力能够完成。太难会挫伤学生的学习积极性，太容易则不利于培养学生自主探索的精神。

此外，语文教师还可以以灵活方式引导学生自主确立学习目标，体现目标确立的主动性、开放性和灵活性，使教学目标真正成为学生学习的要求和期望，起到激励学生去探究、去发现的作用。

2. 设置适当的学习任务

教育心理学告诉我们，学生的学习兴趣源自两种动力——内驱力和外驱力。在自主学习中，学习者对学习的需要主要源于已有的知识经验不足以解决面临的现实问题，为了解决面临的问题，学习者的学习积极性将被激发出来，形成学习的内部动机，这是一种积极、持久、力量强大的动机。在这种动机的激发下，学习者的自主学习行为才可以维持下去，也才可以根据自己的情况和外界变化对学习进行监督和调节。学生对知识的兴趣越强，学习的主动性、自觉性也就越强。因此，教师在组织学生自主学习时，应尽可能与学生民主协商学习任务，应给学生以一定的选择空间，以提高学生的学习兴趣，激发学生学习的内部动机。

（二）进行有利于学生自主学习的教学设计

有利于学生自主学习的教学，应该凸显学生的自主学习过程，给学生充分的自主学习机会。把学生自己能够掌握的学习内容让学生通过自学、讨论先行解决，然后语文教师再针对学生不能掌握的内容进行重点讲解或指导。这样，在学生自学、讨论的过程中，充分发挥学生个体和集体的学习潜能，锻炼学生的自主学习能力，自学、讨论后不能解决的问题也可以为教师的精解提供明确的依据；通过语文教师有针对性的重点讲解或指导，学生能够更好地获得问题解决策略。

有利于学生自主学习的教学流程主要包括确定学习目标、激发学习动机、自学教材内容、自学检查、集体讨论、教师讲解、练习巩固、学生小结等环节，这些环节构成流程图的主体部分。另外还有教师指导、启发、反馈、评价这一模块，意指在学生确定学习目标、自学教材内容、自学检查、集体讨论、练习巩固等环节，教师主要起辅助、引导作用。

（三）建立有利于学生自主学习的课堂准则

倡导学生自主学习、主动探究、张扬个性，并不是不要纪律和规范，合理的课堂准则，既是提高语文教学效率的重要因素，也是培养学生良好自主学习习惯的重要途径。

1. 让学生参与课堂准则的制订

有的教师面对自主学习课堂教学组织形式的多样，怕课堂出"乱"，就制订了烦琐的课堂规范，课堂组织按照教师的指令，井然有序地进行，这样就使整个课堂处于教师的严密控制之下。因为教师牢牢控制了课堂，学生的学习自主性势必受到制约，常常出现课堂讨论不到位，活动放不开手脚等现象。在这样的课堂中，学生往往只有机械的讨论和活动，讨论不到位，活动不充分，思维不深入，这样师生之间就不能真正达到情感互动和思维碰撞。正因为烦琐的课堂管理规范存在，这无形中给学生布下了条条框框，从而束缚了学生的手脚，课堂目标的落实势必成了一句空话。

学生自己选择的方面越多，责任感可能就越强，就可能把更多的精力投入到学习活动中。教师在学习内容、教学程序、学习评价、纪律等多个方面应给予学生选择的机会；听取学生的反馈，请大家提出必要的修改建议，根据学生的反馈意见来改善自己的教学与管理；与学生一起制订课堂规范，并要求学生反思需要制订的这些规则的原因，当学生参与到课堂规范的制订后，他们会更愿意遵守这些规范；在课堂上采用以学生为主导的学习活动，教师讲解、合作学习、独立做作业、集体讨论、表演等多种学习方式，能够使课堂变得生动活泼，更好地激励学生自主学习；让学生进行自我评价，学生对自己的学习进行反思，不仅会使他们对自己的学习产生一种责任意识，而且还会使学生持续不断地关注自己的学习成效。

2. 建立以自我管理为特征的课堂准则

自我管理是一种帮助学生有效地跟踪和改变自己课堂行为的方法。它包括自我评估、自我记录、自我评价、自我监控和自我指导等。自主学习能否收到良好的效果，有赖于学生学习过程中自我管理能力的高低。教师要提高学生的主体参与意识，培养学生的自主管理能力。在课堂管理中，教师要尊重学生学习的自主权，对学生的学习进行有效的指导，让学生参与到课堂管理中来，认识到学习是自己的事，课堂的管理也是自我的管理，学生本人也是课堂的管理者。

教会学生自我管理，可以使语文教师将更多的时间用于教学，用更少的时间管理学生的问题行为。更为重要的是，这种技能一旦获得，学生可以终生受用。可以说，学生自我管理是课堂教学管理的最高境界和归宿。

学生在课堂上的自我管理，表现在心理活动上有以下几个方面：学生能够自我认识、自我分析、自我评价，既能发现自己的长处，也能看到自己的不足，不断提高自觉性；能够自我体验、自我激励、自我克制和自我调节，不断提高情感的控力；能够自我监督、自我约束和自我磨炼，不断提高战胜自己的能力；能够自我计划、自我检查和自我提醒，不断提高自立、自强能力；能够自我反思、自我感悟，自主维持课堂纪律，自觉解决课堂出现的问题，实现师生对课堂管理权的分享。

第三节 高中语文探究性学习的教学

一、探究性学习的概述

（一）探究性学习的内涵

"探究学习"是指这样一种学习活动：学生通过自主地参与知识的获得过程，掌握研究所必需的探究能力；同时，形成认识自然的基础——科学概念，进而培养探索世界的积极态度。

探究学习应是从问题或任务出发，在教师指导下，学生通过自主探究活动，从而获得知识技能、发展能力、培养情感体验为目的的学习方式。这个概念表述说明：

第一，探究学习以问题为导向，主要围绕着问题（或专题、主题）的提出和解决来组织学习活动，因此，"问题"是学生学习的载体。在探究学习中，学校首先要组织学生从学习生活和社会生活中选择和确定专题。这些问题可以是教师提供的，也可以是学生自己选择的；可以是教材内容的拓展和延伸，也可以是对自然界和社会现象的探索；可以是纯思辨性的，也可以是实践操作类的；可以是已经证明的结论，也可以是未知的知识领域。如果说，在学科教学中，教材是课程实施的基本依据和载体，那么，在探究学习中，问题便是学生学习的重要载体。以问题为导向，意味着探究学习应首先关注"学生的问题"。也就是说，一方面，通过了解学生真正关注和感兴趣的问题是什么，允许学生对这些问题先自主进行一些非指导性探究；另一方面，以问题为导向说明探究学生追求的根本目标不是确定不移的知识结论，而是以一定知识为基础的对世界的开放的"问题意识"，是敞开的问题视野。从这个意义上来说，探究学习就是把个体带入他对世界、对社会、对生活的问题（好奇、疑问与探究之心）之中，让学生经由有限但有效的学习活动培育起对世界的问题空间，获得创造性地运用知识、加工知识的能力智慧。

第二，探究学习过程中的师生关系体现着"教师主导、学生主体"这一基本精神。一方面，探究学习向学生赋权增能，使学生真正成为学习的主体。探究学习改变了传统课堂教学中教师讲、学生听的固有模式，让学生积极主动地去探索、去尝试，去谋求学生个体创造潜能的充分挖掘和个性的张扬，让学生接近生活，关注周边的现实世界。学生在实际生活中根据自己的兴趣、爱好特长自主地选择研究课题，从选题、收集资料、提出方案直到最后的成果展示，都由学生"自作主张"。教师在这个过程中的作用是对学生进行积极有效的引导，发挥协助者的作用，而不是取代学生来进行这些活动。这种自主的学习过程与传统学习中学生被动地接受、隔离现实生活世界的学习过程形成鲜明的对比。另一方面，探究学习仍然强调教师的指导作用。只有这样，它才能有别于学生在好奇心驱使下所从事的那种自发、盲目、低效或无效的探究活动。事实上，学生探究活动过程中所涉及的观察、思考、推理、猜想、实验等活动都是他们不能独自完成的，需要教师在关键时候给予必要的提示。

第三，从学习目的来看，以往的学习，其根本目的在于增加个体的知识储备。在我国的基础教育中，尤其强调对系统学科知识的掌握，学生在现实生活中的解决实际问题的能力并不高，学生的实际能力与知识量不成正比。这种学习显然难以适应我国素质教育的要求和培养学生创新精神的时代主题。探究学习力图从根本上超越学科的界限，成为一种综合性的以问题为核心的、不断迈向未知领域的学习活动。它的目的不仅仅使学生掌握系统的学科知识，还要使学生在真实的或者特定设置的情境之下能够综合地应用知识、能力去界定、发现问题，解释、分析问题，并最终解决问题。此外，探究学习的另一目标就是让学生获得亲身参与探索的积极体验。通过让学生主动参与整个探究学习过程，激发探索欲望，使学生获得积极的情感体验。因此，探究学习过程同时也是一个情感活动的过程。

（二）探究学习的特征

探究学习具有以下特征：

1. 问题性

产生学习的根本原因是问题而不是感知。问题是思想方法、知识积累和发展的逻辑力量，是萌发新思想、新方法、新知识的种子。没有问题，感觉不到问题的存在，学生就不会去深入思考，那么学习也就只能是表层和形式的。为此探究学习强调通过问题来进行学习，要求学生以问题作为学习的载体，自觉以问题为中心，围绕问题的发现、提出、分析和解决来组织自己的学习活动，从而形成一种强烈又稳定的问题意识，保持一种怀疑、困惑、焦虑、探究的心理状态，从而催生出更多的问题。这样学习才有强大的动力，才能真正开启心智的大门，才能真正激发学习的热情，才能真正领略到学习的乐趣和魅力。在这种学习过程中，一方面强调通过问题来进行学习，把问题看作学习的动力、起点和贯穿学习过程中的主线；另一方面通过学习来生成问题，把学习过程看成是发现问题、提出问题、分析问题和解决问题的过程。总之，问题意识是学生进行探究学习的重要心理因素。当然，由于探究学习主要是围绕着问题的提出和解决来展开，问题的品质就成为直接决定探究成效的重要因素之一。问题有真的，也有假的。真问题是反映学生现实生活、发生在学生身边的自然和社会现象中的问题。学生只有在解决真问题的过程中才能养成不迷信权威、敢于批判和质疑的探究精神。否则，其探究学习无疑只是一种枯燥无味的"智力游戏"，令学生望而生畏，丧失探究的兴趣和热情，根本谈不上探究精神的培养。因此，探究学习需要师生根据日常经验观察、发现并提出真问题。

2. 生成性

作为一种以"问题"为导向的学习方式，探究学习具有明显的生成性。探究学习的过程并不是教师把预先设计的属于教师知识范围之中的知识图景如何有效地、按部就班地传输给学生的过程，而是在师生既有知识、经验的相互沟通的基础上寻找、发现问题，借助于一定的新知识传授，师生共同去谋求解决问题的办法。因此，探究学习内容并不限于教学计划中的固定安排，它应根据当时当地的教学情境需要做出必要的调整。这种学习方式充满弹性、富于张力。在探究学习过程中，教师不是作为传声筒，而是作为一个带着理智、情感、智慧的与学生平等的个体，参与到超越简单知识授受的、深层次的、充满问题的教学情境的创造性建构之中。生成性的特点使探究学习对于师生而言永远充满着超乎预设之外的诱惑力（而不是一开始就知道结果如何），一种源自师生思想的诱惑力，它永远对教师和学生的知识和智慧构成挑战，使师生潜能在富于挑战与激励的教学情境中不断释放、展现出来。缺乏生成性的学习，不可能是探究的学习。

3. 开放性

开放性是探究学习最显著的特性。在探究学习中由于要研究的问题（或专题、课题）多来自学生生活着的现实世界，课程的实施大量地依赖于教材、教师和校园以外的资源，学生学习的途径方法不一，最后探究结果的内容和形式也会各不相同。因此，它必然会突破原有学科教学的封闭状态，把学生置于一种动态、开放、生动、多元的学习环境中。这种开放性的学习，改变的不仅是学生学习的地点和内容，更重要的是它提供给学生更多的获取知识的方式和渠道，推动他们去关心现实、了解社会和体验人生。

二、探究性学习的教学管理原则

作为一种以主体教育理论、建构主义理论、多元智力理论为理论依据的学习方式，探究学习的课堂教学要真正有利于每个学生的全面发展，其课堂教学管理应遵循以下原则：

（一）主体性原则

主体性教育理论主张教育要以培养、发展和弘扬学生的主体性为根本目的，教育过程实质就是教育者借助于一定的教育手段和方法，将人类的优秀科学文化知识和经验转化为受教育者的品德、才能和智慧，从而将社会的精神财富内化为学生主体性素质的过程。由此可见，主体性教育理论无论在教育的目的上，还是在教育的过程中，都把发挥人的主体性摆在了十分突出的位置。事实也正是如此，任何教育教学活动都离不开学生个体的积极参与和自主活动，教育者的任务不仅在于传授知识，更为重要的是要在教育教学过程中充分激发和调动学生的能动性、自主性和创造性，培养学生的探究态度和发展学生的探究能力。

探究活动是一个多侧面、多途径、多方法的活动，需要观察思考，需要提出问题，需要设计探究方案，需要根据证据来检验假设，需要提出答案、解释和预测，需要将探究结果与同学交流和讨论……上述活动没有学生的主动参与是不可能完成的。同时，探究也是一个解决认识冲突的学习过程，需要学生坚持不懈地观察、思考、实验探究等。如果学生没有探究的积极性，探究活动就无法进行下去。探究学习让学生变成了教学的真正主体，在传统的接受学习中学生被认为是很不成熟的个体，他们不足以承担起发现知识和创新知识的重任，而探究学习则充分相信学生，相信学生在一定程度上有能力去主动地探索世界、揭示世界的奥秘，发现并创造出知识。因此，探究学习主张学生可以选择学习内容、确定学习方法、安排并实施学习计划、评价学习结果，对学生能力的信任毫无疑问能够鼓励学生在探究的道路上阔步前进。

（二）情境性原则

知识不仅是通过教师传授而得到的，而是学习者在与周围环境相互作用的过程中，通过同化、顺应和平衡，逐步建构起自己的认知结构的过程。传统的课堂教学，受到行为主义学习理论和以学科为中心的课程观的影响，把知识看成是脱离情境的纯文本，可以通过直接传授的方式教给学生，因而不注重学习情境的创设。所以，学生在传统的教学环境下，学到的是死知识，不利于知识的迁移和运用，不利于学生解决现实问题能力的发展和提高。

　　探究学习的一个重要目的在于培养学生敢于批判和质疑的探究精神，然而敢于质疑不等于盲目怀疑一切，必须以事实为根据，学生只有在解决真实问题的过程中才能养成这种精神，那种脱离学生实际进行抽象技能训练的做法只会压抑学生的探索兴趣，根本谈不上探究精神的培养。为激发学生的探究兴趣，教师应注意了解学生关注和感兴趣的问题是什么，然后将那些真正来自学生和属于学生、联系学生生活和社会实际的问题纳入课堂。第一，对学生感兴趣的问题进行调查统计和分析，以此作为设计课堂教学时选择探究主题和安排主题顺序的基础；第二，每堂课都应尽量留出一些"自由探究时间"，供学生探究他们自主提出的问题；第三，教学内容有时可根据学生的即时兴趣做出适当的及时的调整。

　　在课堂管理过程中，教师应通过创设问题情境、真实的生活情境、实验探究情境等多种情境，激起学生思考的冲动，加强学生对知识的重组和改造，保证学生对知识的意义建构，提高学生发现和解决问题的能力。这样就将学生带入了一个问题情境，激起了学生的探究热情。

（三）开放性原则

　　开放性是探究学习最显著的特点。探究学习从实质上讲就是培养学生发现问题、解决问题的能力，这就和传统的以接受纯文本知识为主的学习方式有着本质的不同。它需要把学生置于一种相对动态的、开放的、多元的环境中。教育心理学研究表明，思维定式、功能固着等是影响问题解决的重要因素，封闭的课堂、僵死的教学内容、刻板的教学方式、固定的标准答案等都容易使学生产生思维定式，从而减弱思维的灵活性和流畅性，进而影响创造性。研究也同样表明，思维必须以大量的信息为基础，产生观念的流畅性、灵活性、独创性都与信息量有关。也只有开放式的课堂才能容纳大量的信息，并促进信息在教师、学生、教材及媒体等之间合理地、高效地流动，为创造性思维的发展创设必要的空间。另外，在当今日新月异的社会，学生不仅要学会占有作为社会首要资源的信息，更要学会选择和甄别有用信息。也只有开放式的课堂才能为学生提供充分的机会加以交流、讨论和争辩，培养他们不唯书、不唯师、不唯上、大胆质疑的品性和批判性思维能力。

　　因此，探究学习要求语文教师在课堂管理过程中不要过于干预学生探究的过程，而是要充分发挥学生的主体性，给学生以自由创造空间，鼓励学生走出课堂广泛地获取信息和收集资料，充分利用图书馆、实验室、科研机构、厂矿企业技术部门及家庭、社会的资源优势，多渠道多方位地进行开放性探究，让学习过程成为学生发现、发明的过程。当然，开放性决不意味着放任自流，这就要求教师更充分地估计学生学习现状、教学内容的难度，同时更恰当地进行教学设计。

三、探究性学习的语文教学策略

语文课堂管理是指语文教师为了保证课堂教学的秩序和效益，协调课堂中的人与事、时间与空间等各种因素及其关系的过程。探究学习虽然强调学生的自主探索，但同样离不开教师有效的管理和指导。因此，本文将从探究学习的课堂教学设计、课堂教学内容、课堂组织、课堂评价等方面来探讨探究学习的课堂管理策略。

（一）探究学习的课堂教学设计

成功的课堂教学与成功的课堂设计是密不可分的。探究学习的课堂设计应从制订探究目标、创设问题情境、设计探究方案等方面着手。

1. 制订探究目标的策略

探究目标是指为探究活动主体预先确定的、在具体探究活动中所要达到的结果。它表现为通过探究过程，学生在知识与技能、思维与情感和行动方式等方面发生的变化。它是探究教学的出发点和归宿，因此，确定合理、适当的探究目标是探究方案设计中的首要任务。探究目标对探究过程具有引导作用，能够将学生的注意力集中在与目标有关的事情上，尽量排除无关因素的干扰；探究目标还是激发学生探究动机的诱因，学生了解了探究目标，能激发他们主动探究的积极性，能够明确探究的方向，更好地评价和反思自己的探究实践；探究目标还为评价提供依据；探究目标还具有聚合功能，是探究过程中各组成要素的连接点和灵魂，对其他要素起着统率、支配、聚合和协调作用，使之发挥最佳的整体功能。

探究学习也不例外，它的学习目标与其他学习目标一样，都服务于总的课程目标。因此，探究目标的设定必须以学科知识体系、学生实际情况、课程资源的实际情况为依据。

（1）学科知识体系

探究目标并非任意决定的，它必须立足于对学科教学内容的系统分析之上，做到能够从整体上把握学科知识体系，理清内容的基本结构，看某一特定内容在整个知识体系中所起的作用、所处的位置。对于一些关键内容一般要进行探究，但探究目标要服务于整个内容体系，而不仅仅是这一特定的内容本身。根据学科知识体系，在研究物质结构的价值探究过程中，我们将从原子、分子水平上认识物质构成的规律，以微粒之间不同的作用力为线索，侧重研究不同类型物质的有关性质，帮助学生进一步丰富物质结构的知识，提高分析问题和解决问题的能力。

（2）学生的实际情况

科学探究是学生自主学习的过程，是学生应用知识解决实际问题的过程。因此，教师要通过观察、调查、和学生谈话、研究档案等手段，分析学生已有的知识和能力基础，了解和掌握学生的学习动机、感知特点、认知风格、情感发展水平、情感需要、性格特点、态度特点等实际情况。在对学生进行调查、分析时，既要了解群体的一般特点，又要注意了解个体的差异和典型情况。因为探究目标是面向全体学生的基本目标，它必须在全面了解学生情况的基础上，才能把握这种基本的要求。

2. 创设问题情境的策略

在探究学习中可通过以下途径创设问题情境。

（1）通过学科之间的横向联系创设问题情境

利用其他科目中那些有联系的事实或资料，创设趣味盎然的问题情境。

（2）通过日常概念和科学概念的矛盾冲突引发问题情境

学生从小在日常生活中形成了自己的一些概念，也就是日常概念。日常概念和科学概念之间有时是一致的，有时是矛盾的，甚至是对立的。从日常概念和科学概念的矛盾入手，可引起学生的强烈的探究兴趣。

（3）利用多媒体创设问题情境

由于多媒体能以连续的声音、画面方式传播，可以使学生有身临其境的感觉，从而激发学生的兴趣。因此，在探究学习的教学设计中用多媒体创设问题情境，激发学生主动参与。创设问题情境的方式多种多样，它可以在其他创设情境的途径中交叉使用。教师可以通过故事、模拟实验、图像、音像、活动等多种途径设置问题。

综上所述，问题情境是影响学生学习的重要因素。在进行课堂设计时，教师应该深入地分析教材，结合学生的认知心理特点，来创设恰当的问题情境，以激发学生的学习欲望，激活学生的思维活动，从而培养和提高学生发现和解决问题的能力。

3. 设计探究方案的策略

探究方案作为指导探究学习的指南，是决定探究学习成败的关键。因此，教学方案的设计既要遵循科学探究的基本过程，又要根据实际情况的需要。具体来说，可利用实验、科学史、结合生活实际、调查访问、查阅文献资料等形式来设计探究方案。

(1) 利用实验进行探究

没有实验，就没有科学。同样，进行科学探究学习也离不开实验，否则，就不能把宏观和微观统一起来，建立联系深入本质，也就不能建立起学习科学的思维方法。在实验探究的实践过程中，学生的观察能力、操作能力、求实作风、科学态度、科学方法、合作精神等多种素质得到培养，使学生在学中做、做中学，在"做科学"的探究实践中形成终身学习的意识和能力。

(2) 利用科学史料进行探究

科学史料记载着科学从萌芽到确立直到走向成熟的逐步发展过程，对语文的教学具有重要的意义。科学只能给我们知识，而历史却能给我们智慧。

语文课本中的概念、规律和理论，既是人类认识的结晶，具有科学知识的价值，同时它们又铭刻着人类思维的印记，具有思想文化价值。无数科学家的深邃思想是科学宝贵的精神财富。因为学生对科学家、对科学是怀着崇敬、敬畏的心理，他们能够从科学史料中（尤其从科学家的思想史）摄取科学的精神、探索前进的动力、获得学习的灵感。在设计探究方案时，要重视科学史知识的灵活运用，让学生在科学史料中、从杰出科学家的思想中获得探究学习的灵感和思维的方向。

（二）探究学习的内容选择

探究学习的课堂内容即探究内容是探究学习目标的载体，是选择学习材料、安排教学环境和教学条件的依据。虽然探究学习具有接受学习所没有的优点，但是并非所有的内容都适合于探究。因此，探究内容的选择就显得尤为重要。

怎样来选择探究内容呢？选择探究内容应以探究目标、学生学习的准备情况和学习特征为依据，不仅要注意科学性，还要注意个性化和社会化，即要与个人和社会的生活紧密结合。因此，探究内容除了语文教科书上现成的探究内容外，还应选择一些社会生活问题以及学生自身发现的问题。

1. 语文教科书。语文教科书是学科知识体系的精选，是教师和学生进行教学和学习的主要依据，具有较强的可操作性。如课程改革后的语文教科书就有很多内容适合于探究。

2. 社会生活问题。即选择社会生活中的现象、问题进行探究。例如，处理生活垃圾是每户家庭每天都要面对的问题，为了方便省事，大部分家庭都是把所有垃圾放入垃圾袋中，然后扔进垃圾桶里，结果有些垃圾因不能自然降解造成了严重的环境污染。针对这一社会生活问题，教师就可以引导学生对"生活垃圾分类处理的必要性"进行探究。通过对这个问题的探究，可以增强学生的社会责任感，培养学生保护环境的意识。

3. 学生自身发现的问题。学生在学习和生活中会有很多奇思妙想，教师应鼓励和引导学生就这些内容进行探究。

（三）探究学习过程的组织

在探究学习中，虽然强调学生的主体地位，但基于自身知识、经验和能力的局限性，没有教师的参与指导和调控，学生是很难取得好的学习效果。只有教师掌握良好的组织策略，安排好教学组织形式，不失时机地把握最佳时机，引导和调控课堂气氛，才能促进探究学习活动的顺利实施。

具体来说，探究学习过程的组织策略主要有以下几个方面。

1. **课堂纪律的保持**

一个班级有几十名学生，既要学生自主探究，又要保持课堂良好的秩序，管理任务自然是相当繁重的。如果教师一人承担管理任务，教师的大部分精力就会耗费在一些纪律问题方面，就不会有充足的时间去帮助学生探究问题，也就无法保证语文教学任务按时完成。把教师从繁重的管理任务中解脱出来的一个有效途径就是适当下放管理权，动员全班学生都参与纪律管理，师生共同制定一些管理制度，明确每一个学生的义务与职责，同学间互相管理，人人自我管理。

2. **教学组织形式的安排**

探究学习常常是合作式的活动，学生之间大多数以小组为单位进行探究学习活动。但在分组情况下，也会出现积极参加者，消极被动甚至偷懒者。为使每位学生都有充分参与的机会，首先，应控制小组的规模，小组的规模取决于学生的年龄、探究的条件及性质，在教学阶段一般以3~4人为宜。其次，有计划地将小组成员编为A、B、C、D……在不同探究活动中承担的任务进行互换，如操作的、设计的、记录的、完成报告的等角色的互换。甚至经过一段时间后，小组的组成也可重新编排。另外，有些情况是可采用全班和个人单独活动形式的，如当学习对象或任务比较简单，个人经过努力后能独立完成的，就应该采用个人单独进行；在活动最后总结经验时，就要采用全班讨论的形式。因此，教师要根据学习任务的性质以及学习进程设计教学组织形式。

3. **探究时间的安排**

在教学实践中，教学时间决定了教学的结构安排、内容选择和目标确定，从这一角度讲，控制和改变教学时间在一定程度上就意味着控制和改变教学活动。在课堂探究活动中，由于时间的限制，教师必须精心估计和设计各探究环节的时间，使探究活动顺利完成。

因此，教师在设计探究学习时，要对具体的探究过程做到心中有数，做到能够比较精确地预估每一步骤所需的时间，把握好整体时间的分配，使整个探究活动的节奏加快，转换自然，避免无谓的时间遗失。首先，要对学生的探究知识和技能的准备情况进行充分的了解，对学生每一步骤中可能做出的反应都要估计到；其次，要对探究活动所需的学习材料、实验器材进行精心的设计和准备，使探究活动能够按照预定的节奏进行。

第四章 高中语文教学内容的整合运用

第一节 高中语文主题单元教学

一、高中语文主题单元比较分析及教学

(一) 主题单元教学在高中语文教学中的必要性

在系统思维的理论指导下，在高中语文教学中进行主题单元教学是现阶段高中语文教学的需要，也是语文素质教育的需要。主题单元教学是围绕某一主题开展的一系列学习活动的集合。围绕某个预设主题，进行一个单元的教学设计。主题单元教学突破了传统语文教学的旧框架、旧模式，从高中语文教学实际出发，从系统思维的视角来审视高中语文教学。用系统论来建立单元教学的整体观，主题单元教学不再停留在一篇课文的挖掘上，其着眼点是"单元"。与单篇备课、教学相比，其更具有思维的整体性、综合性。主题单元教学课程资源的整合与生成，突破了以往教科书结构体系的封闭性，围绕某一主题进行文本拓展，课内向课外延伸，有利于学生开阔视野，丰富学生的知识层面。同时，主题单元教学可以更好地将阅读教学与写作教学结合在一起，从而实现语文学习的高效率。

(二) 主题单元教学的系统观念

1. 主题单元教学的系统要素

系统是"相互关联的元素的集合"。系统的要素就是组成系统的各个元素、部分。教学系统的基本要素有哪些？学术界一直没有一个统一的认识，比较有代表性的观点有三要

— 75 —

素说、四要素说、五要素说、六要素说、七要素说等。之所以没有定论，是因为大家研究的视角不同。但有一点是一致的，那就是研究者们都将教学看作是一个有机的系统，而且都认为教师、学生和教学内容是构成教学系统的必需要素。

作为教学系统中的一个子系统，主题单元教学同样也具备着教学系统的主要要素。同时，还拥有主题单元教学这一子系统不同于其他子系统所特有的要素，即主题、单元、专题、情境、资源等。这些要素既是主题单元教学系统的要素，又是一个完整的、相对独立的子系统。各要素之间相互联系、相互作用，同时又和外部环境发生紧密联系。

2. 主题单元教学的系统属性

高中语文主题单元教学在教学实践中有着明显的系统特性，它同样具备着系统观念的重要组成部分：整体性、层次性、相关性、有序性和环境适应性。

（1）主题单元教学的整体性

系统具有其部分在孤立状态下所没有的整体特性，"整体大于部分之和"。在语文教学中，教师必须关注语文教学这个系统中的各个要素。偏废任何一个要素，都可能导致语文教学的低效乃至失败。

传统的语文教学，将语文肢解成识字、解词、释句、分段、背诵等方面，一篇篇文质优美的课文，被肢解成独立的词语、句子、段落。为了应试，教师把教学内容题目化、答案要点规范化。学完一篇课文，学生只是被动地注入了一些零散的知识点，根本无法理解文本整体的艺术美。有的语文教学只顾一点，而忽略其他。

运用系统思维中的整体性原理，主题单元教学将语文教学作为一个整体，关注语文教学中的各个要素，从宏观上把握教学目标和任务，整合教材中的文本和课外阅读文本，整合教学、活动、练习，整合课内资源与可链接的、丰富的课外课程资源。如果教师能正确运用整体性原理设计有序的教学步骤，那么就可以帮助学生整体把握语文知识，提升语文素养。

（2）主题单元教学的层次性

现行基础教育语文课程系统包含义务教育和高中教育两大子系统。把语文教学系统看作一个大系统，高中语文教学就是它的一个子系统，而在高中语文教学系统的下面又有若干子系统，高中语文主题单元教学就是其中之一。而且，高中语文主题单元教学也是一个层次性分明的系统。每个主题单元系统包括若干个专题，每个专题又包含若干个问题，每个问题又是由若干要素组成的。所以，主题单元教学是一个独立的、完整的系统，同时它又属于语文教学系统中的一个子系统。这就是主题单元教学的层次性。

（3）主题单元教学的相关性

系统内部的各个要素之间是有机关联的，同时系统同外部环境之间产生物质的、能量的、信息的交换。构成教学系统的教材、教学方法、教学模式、教师和学生等各要素之间是相互作用、有机关联的。同时，语文教学系统和它的外部环境之间也是有机关联的。具体到主题单元教学，它的相关性主要体现在单元本身就是将相关的文本整合成一个个教学单元。单元中每一个环节都是紧扣单元文本和单元目标设计的，即使是拓展环节和活动课也必须与主题相关。同时，每一个单元的内容既是一个相对独立的教学系统，又与其他单元的内容相联系，共同构成了整个高中语文教学系统。主题单元教学选择贴近生活的主题，提供各种各样的课外学习资源，开展各种学习活动和实践，极大地拉近了语文与生活的联系。

（4）主题单元教学的有序性

主题单元教学在组织单元时，按照语文知识与能力发展的顺序，由浅入深，由难到易，由知识的记忆到能力的提升。每个主题单元都是由若干个专题组成的，这些专题的安排顺序是由浅入深、由基础到深入的。对学习内容进行整合，对各单元进行合理的分工，每一个单元的内容既与其他单元的内容相联系，又是一个相对独立的教学单位。从而，为学生在整个高中语文学习阶段掌握知识、提升能力提供一个科学的序列，避免了传统单篇教学的无序化状态，体现了循序渐进的教学原则。

（5）主题单元教学的环境适应性

教育是一种社会性行为，语文是与社会时代关系最紧密的学科，所以不可避免地与外界发生着频繁的信息交流。语文教学系统和外部环境之间是密切联系的。教学环境、家庭环境和社会环境都会促进或抑制教学系统的发展。影响语文教学的环境因素包括班级、学校、家庭这些小环境，也包括社会这个大环境。校风、班风、学风，家庭教育、父母行为、家庭条件，社会风气、导向性、重视程度，这些都是影响教学的外部环境。主题单元教学的一个重要环节就是创设单元学习情境，为学生学习创造良好的环境。主题单元教学打破了教材与课堂的束缚，从生活中寻找学习资源，使语文学习面向生活、面向社会。因此，在学习过程中，学生应更加重视环境对学习的作用。

二、主题单元教学构建的系统策略

高中语文主题单元教学具备整体性、层次性、相关性、有序性与环境适应性等系统特征，因此，在进行教学构建的过程中，应该时刻注意调整各个系统要素的组成关系，遵循系统化原则与策略，从而能够更好地达到设计中的教学目标，完成课程目标。

（一）高中语文主题单元教学构建的目的

高中语文主题单元教学构建的目的是适应时代发展的要求，适应课程改革对高中语文教学的要求，满足新时代对人才的需求。

1. 满足新时代对人才的需求

传统的语文教学重知识落实，轻能力培养；重课内传授，轻课外实践；脱离实际，远离现实生活。为了应考，学生们"两耳不闻窗外事，一心只读圣贤书"。这样的语文教学教出来的学生明显不能适应时代的需要。信息爆炸和知识经济大发展的现代社会所需要的是高科技、高素质的创新人才。知识更新周期缩短，人们必须不断学习，实现终身教育。所以，现代学校教育必须培养能自主学习、会团队合作的学生。为了满足新时代对人才的需求，运用系统思维，在高中语文教学中使用主题单元教学势在必行。

整体性是系统最基本、最核心的特性。主题单元教学运用系统思维，整合教材内容，努力拓展语文学习的外延，充分吸纳课外丰富的语文资源，将课本与生活相结合、理论与实践相结合。主题单元教学将学生的语文能力与素养的提升看作一个系统工程，多采用自主、合作、探究的学习方式；单元活动注重培养学生的自学能力和团队合作能力，关注人的精神层面在实践活动中的发展。主题单元教学有利于培养学生的自学能力、合作精神、开放的思维方式和创新精神，满足时代发展对人才的需要。

2. 适应新课改的要求，更好地落实新课程理念

高中语文主题单元教学在系统思维指导下构建，是为了更好地落实新课程理念。主题单元教学以一个单元为一个系统，引导学生从整体入手，整体把握。主题单元教学打通了课内与课外，重新整合教材，尝试进行课程内容与课程结构、评价方式的改革。每个单元由若干个专题按照一定的顺序排列，形成一个教学序列。在教学活动中，充分体现以学生为主体，注重学生能力的培养。每一单元的学习都做到读写结合，实现学生语文素养的全面发展。因此，主题单元教学能够更好地落实新课程理念，完成语文教学的"三维目标"。

高中语文主题单元教学的构建满足了新课改对教师的要求，促使语文教师转变教学理念。主题单元教学是一种全新的教学形式，它要求教师以新的教育理念指导语文教学。首先教师要有系统思维，能整体规划教学目标、教学内容、教学过程以及评价标准，能根据内容的不同特点，设计不同类型的主题单元。在主题单元构建中，要将学生放在主体地位，围绕着学生的发展与成长设计教学目标和有序的、有层次的教学环节。因此，教师要转变角色，从教学的主导者转变为引导者、学生学习的协作者。

（二）高中语文主题单元教学构建的系统化策略

从系统思维视角来看，主题单元教学系统要素除了教师、学生这两大主体外，还包括主题、情境、资源、评价等系统要素。主题的选择、教学环境的营造、学习资源的提供、学生小组的组建与分工合作、学习方法的指导、学习成果的展示与评价等直接影响着教学目标的达成情况。

1. 情境创设策略

主题单元教学是一个开放的系统，它不断地与外界进行信息交换，并随着各种外界因素的变化而不断调整。创设单元学习情境、为学生学习创造良好的环境是主题单元教学的一个重要环节。教学情境是指教师在教学过程中创设的情感氛围，它是作用于学习主体，产生一定的情感反应的客观环境。它是为了激发学生的情感和思维，对一定事件的形象描述，或者设置、模拟一定环境。教学情境是教学系统的重要因素，不仅仅是每节课的导入语或开场白，而且是贯穿整个学习过程的学习环境，与学习的最后成果紧密相关。

情境的创设要符合学生的认知发展规律。良好的情境创设是提高教学效果的重要手段，不同的情境类型在不同类型内容的学习中所起的效果也是不同的。所以，要根据单元内容和教学目标选择合适的情境类型，创设适合不同学习者特征的多样情境。

2. 资源配置策略

支持教学活动的各种资源可以分为人类资源和非人类资源。在这里谈到的是非人类资源，主要包括各种媒体和各种教学辅助设施。从系统思维的视角来看，资源是主题单元教学系统中的一个不可或缺的要素。同时，主题单元教学的资源是为教师的教和学生的学服务的。在主题单元教学中，常见的教学资源有案例（教案、学案、学生作品等）、课件、文献资料、媒体素材（动画、音频、视频）、量规等。

3. 评价设计策略

从系统思维的视角来看，学习评价也是一个系统。它包括被评价者、评价者、评价标准、评价方式等多个要素。在评价设计中，同样要遵循各种系统性原则。

按照评价功能和教学阶段可以分为诊断性评价、形成性评价和总结性评价三种类型。主题单元教学对学生的评价遵循整体性原则，不仅关注学生的学业成绩，而且还注重发现和发展学生多方面的潜能。当然，并不是所有的学习环节都需要评价，评价并不需要面面俱到。

三、高中语文主题单元教学实践

（一）高中语文主题单元教学实施步骤

1. 整合教材内容，确定主题

高中语文课程资源丰富，教材内容庞杂，教师要运用系统思维，通观高中三年教材，并进行整体规划。根据系统思维的相关性原则，整合教材中的文本，寻找相似、相近、相关的文本组成一个单元，从这些文本中提炼出共性，将其作为本单元的主题。在这一主题的指导下，再进一步整合课外材料，并将其作为本单元的学习素材。当然，主题的选择和确定也可由学生来选择，或者师生共同选择。由学生参与主题的选择，学生会有更高的学习热情。如果主题是完全由学生选择的，那么教师要引导学生紧扣课程来进行，不可脱离语文课程。

2. 确定学习目标、教法、学法

确定学习目标这一步骤本质上与其他教学方式是一样的，只是作为单元教学，要将整个单元作为一个大系统，确定单元的教学目标，同时还要确定这一大系统下的子系统，即各个专题要达到的小目标。教法和学法并不排斥传统的方法，但更注重有利于培养学生的系统性思维、自主学习能力、探究能力和合作能力的教法和学法。

3. 分解主题，设计单元教学环节

根据系统的层次性原则，为达成单元学习总目标，分解主题，从不同的角度和方面设计相关的专题，然后再将专题进一步分解，设计主题单元的各个具体的教学环节。在设置教学环节时，要注意做到紧扣单元主题，同时也要做到顺序合理，由浅入深，由易到难，由教师引导学习到学生自主学习。

4. 创设学习情境

遵循系统思维的相关性原则，根据单元内容，针对学情，选择创设合适的学习情境。

5. 确定评价方式及评价标准

主题单元教学要走出传统教学只注重结果的误区，更多地关注学生的发展过程。评价的各种功能都不能忽视，但首先应发挥其诊断、激励和发展的功能，不应片面强调评价的甄别和选拔功能。在这一环节中，教师首先要根据教学目标和教学环节，选择本单元中最能体现教学目标的学习成果或最有可能影响目标达成的学习环节作为评价对象，然后选择、制订合适的评价方式和评价标准。主题单元教学中的评价往往不止一次、不止一个方面，所以要根据不同的评价对象和评价目的选择不同的评价方式。而且，评价标准要明确、科学、合理。在主题单元教学中，最常用的评价工具是各种评价量规。评价量规的制订要根据教学目标来设计不同的准则，描述量规的语言要具体、清楚，层次要鲜明，要有可操作性。量规的制订尽量让学生参与其中，学习小组也可以制订本小组的评价量规。评价量规可以在评价环节提供给学生，也可以在单元学习之初就展示出来。在学习之初让学生了解评价的方式和评价的标准，对学生的单元学习具有引导性，有利于学生明确学习目标和方向。

6. 准备单元学习资源

主题单元教学中的学习资源包括信息资源、工具资源、人力资源和环境资源等。现在的主题单元教学中最常用到的资源有以校本教材形式提供的拓展阅读材料、音频视频资源、网站资源、各种工具资源等。主题单元教学离不开资源的支持，丰富的学习资源不仅有助于拓展学生的知识面，有助于学生更好地完成学习目标，而且有助于培养学生的现代化技术和能力。

（二）高中语文主题单元教学优势

主题单元教学突破了传统语文教学的旧框架、旧模式，不再停留在一篇课文的挖掘上，而是将"单元"作为一个系统，更注重思维的系统性，更注重课程资源的整合与生成。同时，主题单元教学有利于开阔学生的视野，有利于丰富学生的知识层面，有利于培养学生的系统思维。主题单元教学最大的优势就是加强了教学的系统性，促进了语文课程知识体系在教学中的有序实施，更好地达到了教学目标。

1. 使教学目标更加明确，能够更好地落实课程理念

选入教材的文本都是经典作品，任何一篇课文都是"麻雀虽小，五脏俱全"。传统的单篇教学中，教师只盯着一篇课文，一两个课时内，是面面俱到，还是挂一漏万？如果是面面俱到，必然是蜻蜓点水，无法深入；如果是挂一漏万，教师又怕漏了重点、考点。所以，许多语文课的教学目标并不明确，教案上的目标叙写或者是模糊的、笼统的，或者是单一的、片面的。

语文学科不像理科那样有很强的逻辑性，有严密的知识序列，语文课程呈现出来的是"弥散性"和"模糊性"。但是，只要运用系统思维寻找到语文课程的知识系统和逻辑层次，就能使语文课程系统有序、语文课堂更加高效。主题单元教学是围绕一个明确的主

题，整合相关文本，设计多个专题，每个专题完成 2~3 个学习目标。目标明确、集中，克服了单篇、单节课教学在教学目标上的盲目性。

主题单元教学多采用自主、合作、探究的学习方式拓展语文学习的时空，引领学生走出狭窄的课本与课堂。在主题单元教学中，每一单元的学习都做到阅读、写作、口语交际相结合，全面提高学生的语文素养。因此，主题单元教学能够更好地落实新课程理念。

2. 促进教师转变教学理念，改进教学方法

由于主题单元教学通常涉及多个学科领域，所以就要求教师一方面掌握语文学科知识，另一方面也关注其他学科知识和当下的社会生活。此外，还要求高中语文教师不能固步自封，而是要不断地学习新的知识和理论，提高自身的素养。

为了适应主题单元教学，教师们不能再固守传统的教学理念和方法，必须转变教学理念，不断地反思、更新自己的语文知识，改进、完善教学方法。

3. 真正做到以学生为本，提高学生语文学习的成就感

运用系统思维进行的主题单元教学，是以学生的学习需要为教学的出发点，强调学生的主体地位。主题单元教学把培养学生的自主学习能力、提高语文素养放在教学目标的突出位置，重视学生的主体实践活动，真正做到以学生为本。

在传统的语文教学中，由于学科知识点缺少系统性和学生掌握程度的模糊性，学生往往难以在相对短的时间里有较大、较明显的进步。所以，学生在语文学科上往往缺少在数学、物理、化学等学科学习中的成就感。再加上教师教法上的传统老套，使得语文学科一直是高中三大主科中最不被学生重视的学科。

4. 树立"课程资源"意识，加强资源整合

主题单元教学可以改变传统的语文教学中语文教师是在"教教材"的弊端，破除教材崇拜，树立"课程资源"意识。同时，意识到教材在主题单元教学系统中只是课程资源之一。教师可以根据相关性原则，在实际教学中，创造性地使用教材，甚至自编教材。

（三）高中语文主题单元教学应该注意的问题

1. 教师要加强系统思维，转变教育观念

主题单元教学需要教师有较高的自身素质，需要教师具有系统思维，能够运用整体

性、层次性、相关性、有序性和环境适应性原则，设计安排单元教学；主题单元教学需要教师拥有对文本较强的解读能力、对同一主题内容的综合能力以及拓展能力，需要教师投入大量的精力与物力；主题单元教学需要教师具有新的教育理念，课程改革要求教师要从"教教材"转变为"用教材教"，能够灵活运用教材，创造性地使用教材，适当地对教材文本进行整合重组，敢于自编校本教材。

主题单元教学与传统的逐篇课文学习相比更具挑战性。单课教学目标落实时间相对较短、较细，主题单元教学课时周期长，在教师心目中不如单课教学稳当。在高考压力下，有部分教师不敢尝试。要想改变这一教学现状，高中语文教师要抛弃应试观念的影响，敢于打破已熟悉的教学模式。

教师要努力适应课程改革的需要，继续学习，更新观念，丰富知识，提高自身文化素养。这就需要教师不断学习本学科的新知识，同时还需涉猎其他学科的相关知识，不断提高自己的理论水平，学习一些科学的思维方式。此外，教师还要跟上语文课程发展的脚步。在教学中，充分发挥主动性，创造性地使用教科书和其他有关资料"。

2. 主题选择要紧扣学科特点

主题单元的选题看似是很宽泛的，但是如果像某些教材那样完全按照社会生活主题组织单元教学，只重视语文学科的人文性特点，而忽视语文学科的工具性特点，那么就会造成"泛语文化"的问题。因此，主题单元的选题必须遵循系统的相关性原则，遵循语文学科自身的规律，在选题时注意以下两个问题。

（1）选题要符合课标要求，立足教材

课程标准是教师教学的立足之本，主题单元的选题必须以课程要求为根本依据，教师不能"唯教材论"。但是，由专家组精心设计的教材，在紧扣课标和立足教学大纲这两方面，比其他资料要好得多。当然，立足教材并不等于拘泥于教材、局限于课本，而是要有所超越，打通课内外，甚至跨越学科。

（2）选题要考虑主题单元的集中性和相对独立性

每个单元自身是相对集中的，是一个独立的系统，每一个专题和问题都是要紧扣主题来设计的。单元与单元之间相对独立，又相互联系，都是高中语文教学这一大系统中的存在关联性的小系统。因此，教师在选题时，要运用系统性思维，通观三年的学习，考虑每个单元的知识与能力目标如何在教学中有序地、有层次地完成。也就是说，在选题时要考虑系统的整体性原则、有序性原则和层次性原则。

3. 拓展课、活动课不能流于形式

主题单元教学是一个完整的系统，每一个环节都必须围绕单元主题展开，各个环节之间必须是相互联系的。课改之后，语文课堂的拓展环节和语文活动课的形式越来越丰富，课堂上是否有拓展、拓展和学生活动是否精彩、形式有没有新意成了评价一堂语文课是否成功的标准。为了追求新意，出现了为拓展而拓展、为活动而活动的现象，许多拓展、活动与课堂教学内容缺乏联系，缺少整合。架空文本、忽视了学生对语文知识和能力的掌握、只追求形式成了语文课堂新的误区。

拓展和活动是主题单元教学这一系统中两个重要的环节，是与单元文本和单元目标紧密联系的。拓展要有度，一是拓展的内容难易程度要适当；二是拓展的内容要与主题、教学目标、单元文本有紧密的关系。题目太难或太空泛，学生都无法完成，于是就成了无意义的拓展。就像课标中所提醒的，不能片面追求新奇深奥而脱离课程目标和学生实际。拓展要与单元学习的文本和学习目标有较密切的联系，要遵循系统思维的相关性原则，切不可不着边际、脱离文本。拓展是为单元学习服务的，是文本学习的补充部分，不可喧宾夺主、本末倒置。

4. 评价的科学性

课程标准提倡评价主体多元化。现在，教师们越来越注重形成性评价，但是在教学实践中却出现了评价烦琐化问题，评价量表过于琐碎，为了记录量表，冲淡了甚至影响了正常的学习和教学的现象时有发生。

第二节　高中语文整体阅读教学

一、比较法在高中语文教学中实施的要求

人们的思维过程是一种复杂的活动，而比较是思维的基本方式。在教学过程中，不同类型的文学文本都可以通过比较的方式来进行。在比较法的实施中，学生通过比较阅读，激活了阅读的兴趣，把握了阅读的内容，提高了阅读的能力，掌握了学习的方法。而教师则在比较教学的实施中，将自己的财富转交给学生。

高中语文这门学科涉及的内容非常复杂，而且渗透到社会的各个领域。不管是教学内

容的更新，还是传授方法的变革，都和人类的日常生活息息相关，其作用也就显而易见了。因此，在高中语文教学的过程中实施比较法教学，要关注不同的实施步骤，采取多样化的方法途径，从不同角度使教学内容更加丰富，教学思路更为宽广。比较法下的语文教学既要开拓学生的思维空间，又要培养学生的想象和思维能力。在比较中，不仅要让学生掌握基础知识，还要注重学生技能的提升，锻炼学生的自主学习素养、创新思想和发散性思维。

（一）比较法在高中语文教学中的实施步骤

比较法教学的"着力点"应放在学生方面，以提高学习效果为最终目的，因此，在实施这一方法的过程中，要充分调动学习者的热情，提升他们对学习的积极性。这就要求教师摒弃陈旧的"填鸭式"教学，尊重学生的个性发展，给学生充分的思考空间，进而迸发出创造性思维。只有采取这一教学模式，才能从根本上摆脱传统的学生游离课堂的"单向"模式，从而达到运用纵横及综合的连贯比较，把握重点，突出文章精髓的效果。

1. 课前准备是实施的基础

充分的课前准备是掌握课堂知识的前提。学生的任何一门课程的学习都不是从零开始的，都是建立在学生或多或少的已有知识和经验基础之上的。高质量的课前准备从根本上可以提高课堂的质量和水平。

（1）教师布置预习时有意识地引导

教师应引导学生学会搜集资料。首先，教师要根据教学内容对学生搜集的资料给予具体指导和说明；其次，要对学生搜集资料的方式、方法给予指导，如可以通过报刊、网络、文献、电视、图书馆等多种渠道获得资料。同时，教者要设计科学的导入环节，设置层层递进的教学任务，促进学生乐于学习，善于发现问题，并能尽自己的最大努力解决困难，提升自身的学习素养。

（2）学生有意识地学习呈现

自主学习是在教学条件下学生高品质地学习，强调学生主体能动性的发挥。只有给学生充分的自学、思考时间，才能让学生自己去读书、去感悟、去思考、去探究。学生在充分预习后形成自己个人的草案，然后和小组成员在组内互相交流。在有了课前阶段的充分准备之后，才进入课堂的教学，这样经过学生比较思考的预习，上课后首先是课前阶段的展示，让学生带着比较的成果各抒己见。

2. 课堂教学是实施的关键

在课堂阅读教学中，如果进行课文的孤立学习，那么就不能准确掌握课文；如果可以将其与同种类型的课文对比，在相同处找出其不同点，在不同处找出其相同点，那么读物的本质特征就很容易辨别，我们称这样的方法为比较阅读法。

让学生从不同的读物中找出其内容、形式上的联系，同时在读物彼此的联系中把握其主次联系，选择一定的对象进行比较，并将比较点明确下来。人们在认知对象时，一般是通过以前掌握的知识及实际经验对事物进行理解与认知。因此，学生在进行新课文的学习时，应当将以往学过的课文联系起来，并将其转化为实际应用能力。教师可以对学生进行点拨引导，让他们掌握认知路线，这样他们自然会触类旁通、举一反三。

3. 课后复习是实施的延伸

课后复习在教学过程中是极为重要的一部分，有助于加深与提升阅读教学。通过比较法进行复习，可以让知识归集起来，并使其条理化、系统化。

（1）教师给予方向的指引

课后的延伸内容纷繁复杂，资料多而杂，学生难以快速而有效地找到所需的延伸文本。但是，教师最清楚课堂上所讲课文的重点所在，所以教师应该在学生课后复习时给予方向的指引。

（2）学生自主分析、比较

语文学习是有规律可循的，而提高语文能力，必须学会找寻其中的规律。叶圣陶先生强调，语文的学习主要是以学生自己阅读与领悟为主。因此，课余时间学生自主分析、比较就是自己领悟的过程，也是找寻规律的过程。

（3）小组综合、归类，展示课后成果

学生个人在进行课后复习后，还可以小组合作，补充完善自己的知识体系。

①环境自身的作用

起到对小说氛围的渲染烘托；对小说时代背景进行交代。

②环境对人物形象塑造的作用

为人物提供活动的背景；表现人物的性格；烘托人物的心理活动。

③环境对情节发展的作用

为故事情节做铺垫；直接推动故事情节的发展。

④环境对小说主题表达的作用暗示主题

深化小说的主题。对小说中环境描写的知识点进行了复习，学生可以通过这种方法进行其他知识点的延伸学习，这有助于强化知识间的联系，提升复习效率。

在对高三语文现代文阅读的复习进行指导时，为规避分册逐篇复习的低效性，也可以采用分类比较的复习方式。具体来说，就是将高中三年出现的文学类文本阅读的重点篇目放在一起，集中进行比较阅读训练，并让学生在比较复习中注意以下几个比较点：作品中人物的姓名及性格；人物描写方式，尤其是对外貌的描写；景物描写及其作用；对重要含义句子的理解；作品主题。

总而言之，比较对于认知事物具有重要意义。因此，所有教师都应当关注这种教学方式，并将其提升为语文教学水平比较有效的办法。通过比较，可以对学生的学习兴趣进行引导，激励他们不断学习新的知识，逐步提升其学习能力及学习素质。

（二）比较法在高中语文教学中实施的途径

比较思维是确定比较对象的共同点和不同点，从中掌握一般规律，认识特殊现象的一种思维活动。比较有教学内容方面的比较，也有学习方法和教学方式等的比较。比较过程中求同的目的是找到事物的相似点，使学生能掌握一般意义上的特点，总结归纳出一般规律；而比较过程中的求异的目的则是找出事物间的不同之处，使学生能够迅速、准确地辨别并把握事物的特点或重点，总结认识特殊现象。

（三）比较法在高中语文教学中实施的角度

在实施比较法教学时，应该做好以下几点：一是比较范围要明确，范围的确定要科学合理，没有可比的文章就不需要进行比较，因此，具有可比性的文章具有同类性质，在题材、体裁、主旨等方面有共通点；二是比较点要找准，比较点要扣准问题的实质，使人对问题有更清晰、透彻的认识，一般来说，文章可以从人物、景物、主题方面比较，也可以从结构、写法以及语言表达等方面进行比较；三是比较结果要表达清楚。

1. 标题内涵比较

当学生学习一篇课文的时候，首先接触到的就是文章的标题。文章的标题是一篇文章的核心，可以分为以下几类：一是点明文章主要写作内容的；二是暗示文章写作形式的；三是交代文章的主旨和情感的。从比较标题来导入教学，能更好地激发学生的学习兴趣。

（1）换题比较领悟作者用意

标题在一篇文章中起着提纲挈领的作用。学生要学会审题，第一步就是要通过比较标题内涵，了解标题之间的区别，使学生更好地领会作者命题的严谨，同时还可以从标题中对文章有大概的了解。

（2）同题比较发展多向思维

高中语文教师在课堂教学的过程中，为了提高学生同题多种写法的能力，可以选择有一定联系的文章的标题与所要讲述的文章标题进行比较，如可用题目相同、写法不同的课文，引导学生积极分析，充分发表意见，相互辩论，从而使学生的审题能力得到提高。

比较的关键是教师应从作者的构思立意、选材的重点与不同的角度、写作技巧、风格上分析原因。综合思考时，教师要引导学生从两作品反映的主题、写作方法等进行思索，使学生从中受益，在认识客观外界物体时，能归纳出规律性的东西。

（3）同作者异题比较总结创作规律

作家的创作规律在他的作品中无所不在，可以渗透到任何一个文本的标题中。因为它反映了作家的全部生活积累，包括其思想、经历和表达习惯，所以必然体现在其创作中。因此，我们可以通过比较该作家的不同作品标题，总结出该作家的某些创作规律。

2. 内容构思比较

文章的内容构思是一个呈现着系统性的、有中心及层次的、物化的整体性思维活动。它是在对文章整体进行建构的基础上，升华出所要表达的对生活的独特体验和认识。因此，文章内容构思的成果包括主题意蕴的表达形式。

一般来说，好的文章必有好的结构，好的结构是文章内容合理、清楚表达的前提，也是吸引读者的一种手段。因此，在高中教学阶段，教师应该在文章教学和赏析中对结构分析予以足够的重视，尤其是要多运用比较教学的方式，让学生认识不同结构对文章表达的影响。比如，对于一篇倒叙的文章，教师可以将其改为顺叙，然后让学生比较分析，从而更好地理解作者精心组织的目的和好处，培养学生在文章结构方面的运用能力。

比较法语文教学是使学生整体感知课文内容的有效方法。它是基于不同文学作品之间的内在联系而进行的一种跨越性阅读，让学生学会在相同点中找出不同，在不同中找出共同的联系，让学生学会知识迁移，以旧悟新，以新补旧。通过对文学作品多角度、多侧面的观察和比较，认识文学创作规律，提升审美和分析能力，促进学习能力的提高。

比较阅读范围宽广，不仅可以比较中外作品，也可以比较古今作品，还可以比较同一个人或同一篇作品。同时，比较角度应该多样，可以从作品的宏观角度进行比较，如主旨、风格、结构、题材等；也可以从作品的微观角度进行比较，如手法、语言、词句等。此外，在比较方法上要灵活多样，或全篇比较，或语用点的比较；或横比，或纵比；或异中求同，或同中求异，不能过于死板。

二、比较法在高中语文教学中的具体实践

积极倡导自主、合作、探究的学习方式。所谓探究性学习方式，就是指学生经历"阅读—分析—比较—归纳"的基本过程。学生在阅读中通过分析、比较、鉴别，才会有创

新。之所以要比较，就是通过相关联的思维来分析作品，以确定事物中的同异关系，并对作品意蕴有更深刻的认识。比较的价值在于更好地培养学生的独立思考能力，逐渐养成良好的思维方式，最终形成优良的探究学习品质。

在新课程背景下，学生可以在占有大量比较素材的基础上，主动自觉地运用比较法思维。在课堂上，积极探究的学生一般都具有强烈的参与意识，更善于分析问题、思考问题、比较事物特征，并从中总结出富有创造性的结论。

（一）比较法在高中现代文阅读教学中的应用

对纷繁众多的现代文作品，如何快速提高其认读、理解能力，把握作品的中心内容？比较法的运用是提高现代文教学效果、实现其教学目标的比较理想的教学手段。高中语文课程包括五个系列：一是诗歌与散文；二是小说与戏剧；三是新闻与传记；四是语言文字应用；五是文化论著研读。其中，每个系列又分若干个具有相对关联性的模块。这些选修的教材与必修教材相辅相成，为比较法的运用提供了大量的素材。在现代文阅读教学的运用中，选修课的内容主要是对必修课的内容进行拓展与提高，目的是加深学生对知识的理解和掌握。

1. 高中教材中同一作家不同时期的文学作品比较

文人从年轻到年老有着不同的阅历、心境，因此，他们的创作风格也会随之改变。通过对同一位作家不同时期的作品比较，可以更深入地了解他们的人生经历和心路历程，使学生更全面、更有层次地欣赏经典作品。

透过不同时代不同作家的作品，我们可以感触到文学创作的轨迹，从中汲取丰富的文学营养，与作者共同体验人生，更好地把握时代发展的脉搏。

2. 高中教材中不同作家的文学作品比较

在比较阅读文本的选择中，可以选择一些跟所学的课文体裁、内容、写作方法等有一定联系的作品，如朱自清的《荷塘月色》、季羡林的《清塘荷韵》、郑伯琛的《荷叶脉》等。这样既扩大了学生的阅读面，丰富了学生的课外阅读内容，又提高了学生的文学素养，可谓获益良多。

因此，在高中教学的各个过程中，可以适当地把不同作家的作品相互比较，从而凸显出所学文学作品的特点，并达到深刻的效果。

人物教学是小说教学的一个中心环节。如果教师可以通过比较引导学生分析不同篇目的人物形象，那么就能让学生更加深刻地把握人物的形象，并通过人物形象更好地了解不同社会环境下的人物生活与作品主题。人物比较可以是人物与人物之间的比较，还可以是刻画人物方法的比较。

（二）比较法在高中写作教学中的应用

作文是展示学生语文综合能力的最高表现，也是多数学生最头痛的问题。因此，作文教学更具有复杂性与特殊性。运用比较法辅导学生写作，使作文点评变得有趣、活泼，更好地激发了学生的写作兴趣。通过比较，能激发学生的发散性思维，拓展写作思路，开阔写作视野，使用不同角度进行不同方式的写作，从而有效提高学生的写作水平，提高语文素质。

1. 审题上的比较

审题，就是审查题意，研究命题中的含义以及意图。对审题的思维过程，往往是立意。

审题立意是学生正式进入写作前的思考过程，这一关决定着整个写作的成败。因为学生受思想能力以及知识水平等的限制，传统的习惯性思维定式使得他们很难辨明题意，不能正确领会命题的动机，不能准确把握命题的写作重点、写作范围以及写作要求，更别说产生独特的思维结果了。

（1）同题不同形式的比较

审题上的比较，通常可以使同一题目的作文有多种写作点，也可以使同一题目有多种体裁的写作方法。

首先要选准读写训练的出发点、联系点。当然，要求较为复杂的也可先分解，即片段训练，再综合成篇习作，这样有利于学生由浅入深地进行写作训练，或者通过课外阅读，根据阅读材料，或改写，或写感想等，这些都可以展开创造性思维，并进行再创造。

（2）相近题不同立意的比较

如果经常比较相近或相关的作文题目，那么就能很好分辨不同题意的特点，认准题意侧重点，掌握各项写作要求。

在作文的审题中进行比较法教学，从所写作事物的某一点出发，向四面八方展开联想，多方位地试探，多角度地思考，多层次地求索，可以发展学生的求异思维，促使学生在审题立意时进行多角度、多侧面、多层次的分析，寻求新的构思，发前人所未发的议论，立意新颖，避免人云亦云。因此，审题时应该提醒学生多比较，择优而作，这样才对提高作文质量有益处。

2. 选材上的比较

所谓选材，也就是选取题材，要解决写什么的问题。选材上的比较，就是为了表达同一主题进行多种材料的筛选，或者也可以是同一材料运用多种要求习作。

（1）多种材料的筛选

选材的依据是心中表达的需要，这是建立在长期观察与阅读积累基础上的。通过相近材料的比较，根据求异或求同的思维途径，在现有材料的基础上，发挥想象、联想，拓展思维的广度和深度，从不同的角度思考，另辟蹊径，立异标新。

（2）同一材料多种要求习作

如果能在构思时将经过挑选的材料进行灵活的排列与组合，再对其内容、风格、结构进行比较，权衡利弊，就能收到事半功倍的良好效果。

修改作文是写作中的最后步骤，也是非常重要的一步。所谓"文章是改出来的"，这句话很有道理。所以，在对材料进行比较后，第二次习作的要求可以更改为要求学生把自己作文的原稿与修改稿进行比较，将这些材料用不同的表达方式组合成文。学生在修改稿中，将顺叙改为倒叙，或者是插叙，或是运用由果溯因的手法，对几个事例进行回忆，力求多种布局，然后再比较优劣。这样的文稿修改可以更好地使文章达到一定的深度与广度。所谓"文似看山不喜平"，多种构思布局，才能通过反复比较，使作文引人入胜。

比材料、追求选材的新鲜与独特是写好作文最基本也是最重要的条件。由于学生的生活空间有限，因此，他们常常感到很难找到新鲜事可写。而通过比较法，往往能写出富有特色与个性的作文。同时，在选定材料后还要深入地比较材料，并进行重新组合。这样经过打磨的文章，能有效避免平铺直叙、结构松散、缺少起伏变化的弊病。同时，一材多作有助于学生区别文体特征，也有助于学生养成在比较中认识事物、发展思维的良好习惯。

第三节　高中语文阅读教学

一、基于学生主体教学的高中语文阅读教学设计

学生主体教学理念是新课程基于传统教学弊端而提出来的一种教学新理念。我们知道，传统教育把教学看作特殊的认识活动，在这一价值观的指导下，教师往往将教学设计当作个人的事情，认为与学习者无关。因此，在设计的过程中也只片面地关注对有关知识点的阐述，无视学习者的参与性。即使是面对学生一些有价值的意外事件，教师为了使教

学设计的内容能够完整地呈现在课堂教学中，往往采取无视、回避的态度。这种倾向发展到极端就是"满堂灌"的教学模式，使得课堂原本应有的生机和活力变得机械、沉闷，教学过程则成了教师事先设计的图纸，而在教学操作中进行施工的过程。

（一）学生主体教学理念在高中语文阅读教学设计的特点

1. 参与性

参与性强调学生在课堂上对教师所设计的教学流程的态度。学习的过程是学习者特殊的认识过程，其最大的特殊性就是学习者总是认识客观对象的主体，同时也担负着自己学习的主导者这一职责。不管教师如何选择教学内容进行施教，学生的认识活动最终只能通过自己参与体会，通过自己的实践去感知与掌握。新课程改革的一个重要理念是强调学生在课堂上的参与性，强调创设开发而有活力的课程。现在以学生为主体设计阅读教学，其实是保证学生在课堂上的主动参与性，重视学生在语文教学活动中的独特体验。没有学生参与的课堂是没有生气活力的，是不成功的课堂。

2. 动态性

针对学生主体教学地位的教学设计是一个动态性的、非确定性的过程。语文课堂是以学生的听、说、写、感、悟、思等言语活动为基本形式的活动过程，是学生的言语认知的实践过程。因此，基于学生主体教学理念的教学设计关注教学设计过程的动态性，其核心不仅仅是对预定目标的达成，更重要的是要对学生的发展进行测评，而学生的能力是否得到了提高，只有在具体的动态的教学设计过程中才能得以体现。这种动态性的教学存在方式，可以在师生的教学交往中不断发展变化，从而推动教学的动态生成。

3. 情境性

从主体性教学的理论审视，情境教学实际上是主体性教学的一种有效模式。情境学习理论认为，有用知识的获得必须镶嵌在相关或"真实"的情境中；知识是活动、情境和文化的产品；知识的传授也是在情境中获得的。由此可见，情境教学是学生和教师在教学活动过程中共同创设的一种情感氛围，通过对教学中体现出来的特定情感，熏陶激发学生内心的情感。从某种程度上说，情境教学侧重培养学生的审美主体性，并在审美的过程中使学生的认知主体性得到发展和提高。所以，情境教学是一种更高层次的教学，通过在课堂教学中为学生创设充满美感的环境氛围，使学生的情感、心理与文本的行、情、意产生共鸣，从而使学生在文本与现实的美感环境中做到主动积极地投入学习活动中，从而成为"自由自觉"的人。因此，在以学生主体性教学理念进行的高中语文阅读教学中，把情境的创设与优化贯穿在整个阅读教学设计过程中,让学生品尝到语感,欣赏课外精华。

(二)在高中语文阅读教学中设计是突出学生主体的具体表现

1. 对学习者实际的学情分析

学情即学生情况。在具体的教学活动中,学生的情况是比较宏大而复杂的,不仅仅包括学生的知识水平、认识水平,也包括学生的学习习惯、学习方法、学习兴趣,还包括学生对特定的学科学习的期望。对学生实际的学情分析的背后,其实就是作为设计者的教师在头脑中必须明白这一道理,即作为教学的结果,学生应该学到什么东西。这就要求教师要了解学生实际,分析学生特征,分析学生的学习情境。在此过程中,教师必须知道"学生不知道什么"和"学生已经知道了什么",再根据学生所"不知道"进行阅读教学设计。

2. 教学目标设计的整合化

新课程标准所提出的"知识与能力、过程与方法、情感态度与价值观"的三维目标,是对传统教学内容中基本知识、基本技能和"学科观"的一种超越,是崭新的学术观与现代学科内在价值的体现。没有基于教学目标达成的艺术设计,就没有可操作性。因此,教学目标设计的明确定位是提高课堂教学效率的保障。然而,在教学目标设计的整合化这一点上,令许多教师感到无所适从,导致在设计具体明确的教学目标时出现教学目标宽大而空泛、繁多而杂乱的问题。教学目标宽大、空泛,就会使教师所表达的教学意图含糊。比如,很多教师在陈述目标时常使用的词语有"掌握""了解""培养""理解"。如果教学目标繁多而杂乱的话,就会出现教学思路混乱的局面。因而,在教学活动中,能够既方便于教师有效地组织教学,也有利于学生集中学习和掌握知识的方法,唯有设计相对明确、集中的教学目标,否则就谈不上学生语文能力的培养。

3. 教学内容设计的层次性

教学内容解决的是"教什么"的问题。当前语文教学内容呈现的问题绝非偶然,主要表现有对课程目标不清晰具体、语文教师专业化程度较低、语文教师对文本的分析不透彻等问题。其实质是语文教师对"教什么""教"的那个"什么"是否正确以及"用什么去教"没有做出自觉的反思,这样就导致语文的"教学"越研究越模糊,教师越来越不知道"教什么"。

教学内容的选择与设计应该是具有层次性的。教学内容的层次性,顾名思义就是教师对教学内容的设计是一个由低级到高级、从浅层次向深层次发展的一个循序渐进的递进式过程。这个过程是遵循学生的认知规律进行的。而学生的认知规律是按照感受、分析、判断、归类、概括进行的由表及里的过程，这也是学生线性思维发展的一个规律。语文教学的重要任务是学习语言、训练思维，那么教师就要从思维训练的角度设计教学内容。

教学内容设计的层次性展现的应该是教师对文本的高品位、深层次解读。可以说，这是语文课堂教学的顶层设计，即知人论世，通过表面现象挖掘出隐含在作者内心深处的感情。所以，教学内容设计应该具备三个层次，即文本的表层意义、文本的隐含意义以及文本的风格特征。这是一个递进式的连接过程，能具备以上三者的高品位、深层次的梯级设计是要通过教师精雕细琢的。

4. 教学过程设计的有效预设

生成是由一种潜藏性的存在转换成一种现实性的存在、一种隐藏性的存在转换成一种显现性的存在。从这一意义上说，可以把教学过程看作在一个以时间为维度的基础上，由教师与学习者共同完成的认识课文的活动链的过程。教学过程的每一个阶段、每一个步骤、每一个环节都有一定的教学意义，师生根据教师课前的预设共同完成一定的教学目标，这样才使得教学过程具有了教学意义。因此，怎样教得有效果是保证教学过程有效开展的前提。

5. 教学评价设计的多元化

教学评价一般是从教学实施所取得的成效出发，用真切的事例证明教师的教学设计的实用性。评价的目的主要是根据设计者本人按照评价的标准所提供的证明材料，针对不良的教学效果进行改进，即"用事实说话"，而不是对教学材料的重复性检查。教学评价的多元化主要表现在教学评价主体的多元化和教学评价要以教学目标为参照、面向全体学生。

二、基于学生主体教学理念的高中语文阅读教学实施

（一）实施原则

1. 自主性原则

自主性是指学习的主体在具体的实践认识活动中，能够独立行使、支配自己的权利，从而获得认识的个体，在思想观念上，具有符合实际的自我评价、积极的自我体验和主动的自我调控能力。也就是说，对自身的优缺点有公正客观的评价与认识，在行动中有较强的注意力，能够按照自己的计划独立完成任务，善于独立思考，遇事有主见，且合理果断

地做出公正的决定。学生自身的自主性是学生主体性的生成、发展与完善的根本。这种自主性是学生独立自主进行"学习什么"和"怎样学"的决断过程。

一方面，教师不仅是教学设计的主体，同时也是教学组织活动的主体，在对教学活动的计划安排、学习者的组织引导和价值引领等方面有举足轻重的作用。教师主体性的发挥不仅是语文阅读教学设计的合理性和有效性的重要前提，也是保证学生学习的方向性和凸显学生主体地位的保障。语文教师在实施教学时，应该努力为学生创设良好的自主学习环境，使得学生能够自主探寻适合自己的学习方法和途径，否则教师会丢失对学生的启迪诱导和价值引领。另一方面，学习者在语文教学活动中的自主学习能力的培养，需要教师的有效组织和引导，然后再通过设计一系列的教学活动支撑学习者的自主学习，从而有效地促进学习者的自主学习。

因此，在教学设计活动中，教师应把课堂的主动权交还给学生，努力让学生成为真正课堂学习的主人。但是，教师在把课堂的主动权交还给学生的同时，不能忘了自身对课堂的组织与引导，两者之间唯有保持均衡发展，才能相互促进、和谐共生。

2. 开放性原则

基于学生主体教学理念的语文阅读教学设计具有开放性的特点，这是一种由封闭、随意的学习走向开放、多元的学习的转变，由静态课堂向动态课堂的转变，是贯穿教学活动内与课外活动之中的基于文本而又超于文本的语文阅读学习活动。语文阅读教学内容的设计应该是开放的，不仅仅包括文本中的信息，也应该包括其他学科学习领域的信息。教学是教师与学生、学生与学生之间有效互动的动态生成过程，因此，以学生为主体创设的课堂过程也应该是开放性的。为此，在课堂上，教师就要放手让学生真切地体验，让学生充分展示自己的个性。同时，基于学生主体教学理念的语文阅读教学设计有一个规范的程序，但这程序并不是一成不变的，教师所设计的思路也应该是开放的。因此，在主体性教学设计中，教师对课堂的态度是开放性的，不仅要发挥自身的自主性，而且要开发学生的主体参与意识。所以，教师应该结合本班学生的具体实际情况进行阅读教学设计，以开放性的语文活动弥补传统教师一人主导的封闭、单一的课堂教学，少了这一点就谈不上对学生的语文创造力的培养，更不要说是学生扎实的语文功底的培养和学生语文素养的提高。因此，唯有站在育人的制高点上开放课堂教学，才能真正地把语文教好、把学生教好。

3. 探究性原则

语文学习是学生自主学习、主动探究的过程。新课程标准所倡导的探究学习方式加强了学生的自主学习能力与探究学习能力的培养。探究性学习就是建立在学生的探究学习方式和探究活动之上,并且以此为特征的一种学习方法。对于高中学生来说,探究性的学习方式就是要让学生主体探究由教师所设计的语文探究活动,而不是让学生跟着教师的步伐得到结论。对于教师来说,就是要为学生设计一个有利于探究语文知识的氛围,使学生能够主动、积极地对语文活动进行分析、策划,并且能够对教师所设计的探究性问题有自己独立的思考,从而感受发现知识和完成任务的喜悦感。

语文教学设计是根据学生的认知发展水平而专门制订的实施方案,是一个具体的教学操作过程。因此,在进行探究性学习的过程中,教师就要努力营造探究性学习的氛围。同时,语文学习的内容是非常丰富的,教师只有精心为学生创设良好的探究环境,从中选择典型的具有探究性与探究价值的问题,才能激发学生探究的主动性,才能保证学生在课堂上的参与性。

4. 合作性原则

合作性原则是指在课堂教学中,教师与学生、学生与学生为了实现共同的教学目标与教学内容而形成的合作学习。学生自主学习所收获的成果并不是凭借个人的智慧,更多的是在集体的合作学习中彼此之间互相协助、互相支持所产生的。课堂教学本身就是教育者与被教育者双方共同合作、互动、对话的个体动态过程。在教学过程中,唯有教师创设合作空间的氛围,激发学生课堂的参与性,发挥学生的主体能动性,才是实施学生主体教育、改革课堂教学方式的关键。传统中出现的以讲授知识为主的教学方法,暴露出来的就是教师与学生在教学过程中的合作问题。因此,新课程标准中以学生为主体教学理念的提出,搭建了师生之间沟通与合作的桥梁,学生也得以在这样一个宽松的环境中发展合作的团队精神,学会与同伴分享和交流探究出来的成果和信息。并且,在提高自信心的同时,也懂得欣赏别人。在此教学过程中,教师的主要任务是激发学习小组成员的互相依赖感,培养他们的责任感,同时观察学生在小组学习中的互动情况,并适时加以引导。因此,必须认识到阅读教学中师生互相合作的重要性。

(二) 实施策略

1. 运用翻转课堂

翻转课堂最早源于美国,即学生在课外通过网络平台观看教师制作的教学微视频,再由教师在课堂上检测、解答、探讨学生在课前识记的知识,帮助学生实现知识的内化。很明显,这种知识的内化是在课堂上经过教师与学习者共同协助而完成的。翻转课堂最显著的特点就是教师与学生角色的反转,传统教学过程的教学形式是采用课堂讲解和课后作业，学生事先并不知道学习的任务。但是，在翻转课堂中，教学形式颠倒了，采取的是课前学习和课堂研究的方式，更加注重学生在课堂上的自主学习与教师和同伴的交流反思、协作讨论。

新课程标准的出台，使得我国的语文教材在选文的编排上更加注重培养学生对汉语知识的掌握和运用能力。在翻转课堂中，教师在设计教学内容时就已经将重点知识内容提取出来，并且通过微视频的渠道让学生明确了本节课的学习任务，学生则根据微视频中的重要知识点和难点进行自主学习。与传统课堂相比，教师不再是整个课堂教学设计的主体与中心，其角色已由传统的知识传授者变成了学生学习的促进者和指导者，在课堂上，教师与学生共同探讨问题。

2. 体现学生主体参与性体验的多向互动阅读教学设计

主体参与性体验是学习者主体对教师所设定的语文教学活动的主动参与，是主体以亲身实践去体会、体味，用心体验而获得的心理感受。这种参与性体验是主体为了追求人类知识而全身心投入的社会实践活动，是主体调动个人的生活阅历、知识水平和学识修养等方面的综合素质参与的对阅读文学作品的体验，是主体的独特感受。学生是语文学习的主人，是语文教学活动中的主体。但是，在传统的应试教育中，教师是教学的绝对权威，师道尊严的氛围相当浓厚，教学是以灌输式的单向流通渠道给学习者传授书本知识。学生的主要任务和课堂表现就是专心听教师讲解知识点，在教师的指导下操练。而所有学生的各抒己见式的标新立异的想法往往会被教师斥为异端，因为这不是考试要点。学生的学是被逼迫的，被动进行学习，学生的思维自由是被教师所控制的。总而言之，在传统的应试教育下，学生是学习过程的"奴隶"，更是教学设计活动中的旁观者。因为在教师心灵深处所积淀的专制主义的思想和观念权威及其在课堂中的各种表现，已经极大地压抑和束缚了学生思维的发展，堵塞了学生对学习生活的思辨力。因此，在设计具体的实践操作中，发现教师忽视学生作为主体在课堂教学活动中的积极参与性也就不言而喻了。教师只管一味地拿着教学参考书，滔滔不绝地灌输知识给学生，不让学生参与、体验教与学的课堂活动。

3. 贯穿"交互主体关系"的双向对话阅读教学设计

新课程标准非常强调学生在语文教学中的主体性，这比起长期以来无视学生的教学活动方式，无疑是教学改革史上的一大进步。主体性是相对客体而言的，强调人在认识客观世界的时候具有无限大的潜力与发展的可能性。但是，我们也应该看到，有些教师在赋予学生主体性的同时，却把自身的主体性降低了，甚至回避了学生主体与教师主体之间的关系。语文教学是教师与学生在平等有效的对话过程中共同进行的，在提出学生主体性的同时，也强调教师对学生学习活动的组织和引导，因此，教师的主体性仍然是存在的。其不同之处在于教师的主体性是诱发学生（客体）的主体性，这种自身主体性的发挥，出发点在于把学生从传统意义上的被动学习状态中解脱出来，使学生原有的封闭乃至僵化的知识结构发生调节和建构，从而向新的独特知识结构进一步拓展。因此，在突出强调学生主体性，回归学生主体地位的同时，也不能忽略了教师的主体性，教师与学生在语文教学设计活动中是双主体的关系，两者的动态互补是教学活动顺利进行的前提，这种关系被称为"交互主体关系"。它们是相辅相成、横向发展的，教师主体性的缺席会导致学生主体霸权，而学生主体性的弱化又会导致教师话语主体霸权。

在阅读教学设计中，学生的主体性是沉睡的，就像密涅瓦的猫头鹰，总是要等到黄昏到来时才会起飞。这个时候就需要教师以强势的主体性诱发、启动学生内心深层封闭的心灵结构，指引学生进行思考。

学生主体性阅读教学设计从教学目标的确定、教学内容的选择、教学过程的精心策划到师生关系的设计，是一个有计划、有步骤地帮助学生自主学习的系统。设计的每一个环节都是围绕学生进行的。因此，体现学生主体性的阅读教学设计在进行教学目标的确定时，已经由传统的教师"教"的中心转向了学生"学"的中心，目标的指向是人，是学习的主体，同时强调在目标的确定上要重点训练学生对语言的感受力和表达力；教学内容的选择由文本的浅层次解读转向了深层次解读，更加注重学生对学习内容的自主选择和独特体验，强调语文味和学生线性思维的培养；教学过程设计由教师主体、主导转向了师生交互主体、平等对话、协作讨论的开放性教学活动，教师关注学生主体的过程性体验，学生拥有更多的自由支配学习空间，以乐于接受的方式进行学习；师生关系上则体现了教师"教"与学生"学"的新型民主的师生关系。

第五章 高中语文教学创新思维的培养

第一节 语文教学中培养创新思维的必要性与可行性

一、语文教学中培养创新思维的必要性

(一) 教育发展的需要

创新教育能够反映出时代精神，是一种新的教育理论。传统教育，只注重知识的继承，不利于创新思维能力的培养，学生的创新精神和创新意识得不到锻炼，飞速发展的社会又迫切需要创新性人才，所以培养创新思维能力就成为教育改革的必然。语文课程在高中阶段的实施标准要求语文高中阶段要通过必修课程和选修课程的学习，学生要重点发展以下几个方面的能力：积累、整合的能力，欣赏、感受、思考、理解的能力，应用、扩大发现、创新的能力，并首次把创新明确写进了课程标准中。目前创新是一个备受关注的话题，又是教育体制、机制、课程改革的难点问题，所以新的课程目标要求，要对世界和未来有浓厚的兴趣和高涨的热情以及高度的敏感性，要对各种不同的创新进行积极的探索，更要大胆对未知世界进行探索和发现，用新的意识，新的方法解决问题。课程目标在"表达与沟通"这个环节中也对创新有明确的要求，包括写作和口语交际，体现出表达和交流要用新的思想和理念。因为学生肩负着接收者和思考者双重身份，语文在写作过程中，不仅是一个学习的过程，也是一个积极思考的过程，写作不能是简单的照搬照抄，不能被动学习、模仿他人，要参与到其中，更重要的要在写作过程中进行深入思考，有自己的观点和个性，能提炼出新的东西，这样才能写出好的文章来。新的课程还要求教育者在教学实

践过程中发展学生的创新思维。以前我们谈到创新时，想到的都是发明创造，认为语文、数学、生物、地理等课程没有什么创新的必要，对创新能力的培养比较轻视，语文科目也没有承担培养创新思维能力的责任。新的语文课程标准已经提出了新的要求，语文科目要承担其创新思维能力培养的任务和促进开发其他学科领域的任务。不仅在本学科开拓创新能力培养的新途径，还要为培养其他基础学科的创新思维能力做出贡献。当今社会发展迅速，迈入了知识经济的时代，人类的创新能力已经成为经济发展的源动力，成为国力增长的重要因素。我们的教育更面临着新的挑战，传统的教育教学模式已经不能适应日新月异的时代发展的需要，培养创新思维能力已经成为教育改革迫在眉睫的新任务。

（二）认知水平提高的需要

知识是万物中的指路明灯。知识就是力量。可见，知识是多么的重要，所以多少年来，人们一直对知识进行不知疲倦的探索。知识没有永久性的，对于一个人的职业生涯来讲，知识就像是食物，是有保质期的，产品超出保质期，是要坏掉的，知识如果没有更新，就无法正确指导实践。知识更新周期是衡量世界总体发展速度的重要指标，随着社会的发展，知识更新周期越来越短。联合国教科文组织曾经做过一项研究，结论是：信息通信技术带来了人类知识更新速度的加速。所以，对于知识，我们不仅要积累，还要及时不断地更新，这样，才能使知识成为改变命运的第一推动力。

过去我们理解知识比较肤浅、片面，认为那些客观被证实的知识才算是知识。随着人类社会的不断发展，那些客观的知识已经不是知识的全部内涵，那些被忽略的隐藏的知识比如思维方法，也成为了知识的另一部分内涵。今天科技的迅猛发展使思维科学变得越来越重要，这就不能不引起我们对当今的教育进行反思，每年国家对教育进行了大量的投入，换来的收效甚微，学生高分低能，教育中，我们忽略了什么，结论是忽略了对学生的创新思维能力的培养和对知识的理解。当今社会发生了质的变化，不再单单局限在认知范畴，而是扩展到应用范畴，过去不认为是知识的技术、能力、技巧等，现在都已经成为新的知识。过去认为继承和传递文化就是知识的功能，现在知识就是资源，就是资本，知识的作用被人们越来越重视；过去的知识人们都是用大脑来储存，推崇的是博古通今，现在则由单一的大脑储存走向大脑和电脑并用的双向储存，信息量更大。由此可见，当今的知识已经深入到思维这一层面，不再仅仅是那些看得见的客观知识，这样的现状要求我们的教学要有所改变，培养学生创新思维的能力势在必行。

二、语文教学中创新思维培养的可行性

（一）语文教学中创新思维培养的理论依据

要尽可能充分发展学生的语言能力、思维能力，激发其想象力和创造潜能，独立自主的阅读能力，追求独特感受、有创意的写作能力，为造就现代社会所需要一代新人发挥重要作用。把学生放在主体的位置上，教学应充分地将学生学习的多样化和个性化有机地结合起来，使学生能有充分的空间形成和表现自己的个性，满足学生自身发展的需要。教育的对象是一个个鲜活的、个性化的个体，因此，语文教育也应从每名学生的特点出发，培养每个学生独特的个性素质，充分发展他们的个性，发掘蕴藏在每个人身上的潜能，促进学生个性的健康发展。尊重学生的个体发展特点，给予学生充分自由的发展空间，学生的创造力才有可能得到发展，学校培养创造性人才的宗旨才能得以实现。21世纪是全球知识经济的时代，人才竞争趋于白热化。高等教育作为科教兴国的强大生力军与推动社会经济发展的重要力量，其根本任务就是造就对社会起推动作用的、能满足社会发展各种需要的创造性人才。如果没有个性，就谈不上社会价值。社会中如果没有个性的人群，这个社会就会丧失活力，也就会停止发展的脚步。传统的教学模式是老师一言堂，老师按照教学大纲和学生的基本情况来尽情地发挥自己的才能，学生只能是学习的附属品，教条地学习知识，既没个性，也没创新，这样培养出的学生跟不上时代的脚步，无法担当起国家建设的重任。在国际竞争日趋激烈的时代，无情的竞争要求我们既要在多元化的形势下全面发展，更要有所创造，创造人才、创造科技、提高效率。西方发达国家课堂教学给我们的启示颇多，他们的理念是"一个不会提问的学生并不是好学生"，这就是告诉我们要下大力气培养学生的创新思维能力，这是课堂教学的重要内容。

（二）语文教学中创新思维培养的现实基础

语文是最重要的交际工具，是人类文化教育的重要组成部分。工具性与人文性的统一，是语文课程的重要特点。新的语文课程目标根据知识和能力、过程和方法、情感态度和价值观这三个维度来设计展开，体现了工具性和人文性相统一的思想，包含了扎实的基本功的培养和潜在能力与创新能力的开发。在培养学生创新思维这一方面，语文学科要比其他的学科担负更多的责任，这也是为什么在语文教学中培养学生创新思维是如此重要。在语文学科创新教育开展的过程中，为了更好地提高语文学科的教育教学质量，语文教育家们无论在理论上还是实践中都做出了非常大的努力，语文创新思维的研究也因此取得了

很多令人瞩目的成绩，为在语文教学中培养学生创新思维奠定了现实基础。学生随着年龄增长，在看待事物时会通过自己的思维去分析，到了高中已经形成了独立的辩证的思维。高中学生思维的逻辑性与批判性较强，独立思考能力也大大提高，他们能够根据一定的准则去判断事物，并乐于提出自己的观点和解决办法。因此，应该充分利用学生这一阶段的思维特点，以此为基础，在语文教学中培养学生的创新思维。语文学科的创新教育要求教师在教育过程中完全改变传统的教育教学模式，开拓教学内容。以语文教学内容和已经掌握的语文知识为基础打造一个有利于培养学生创新思维的语文学习环境，激发学生的创造灵感，指引学生运用所学知识去探索新知识，解决新问题，在这个过程中让学生体会到学习语文的乐趣与满足。创新思维在语文教学中的应用将提高学生的创新能力，最终让学生们成为真正具有创新能力、创造品格的创新型人才。

（三）语文教学中培养学生创新思维的优势

学生素质教育最基础的课程就是语文。我们都知道语文学科不仅是语言学科，也是思维学科。创造力不是单一能力或复合能力，而是能力与其他方面的复合。创造过程本身是一个人心灵当中各种文化要素产生有意义的综合。语文学科相对于其他学科更加全面、综合，所以语文有其他学科不可替代的功能。所以在语文教学过程中培养学生的思维能力，尤其是重点培养学生的创新思维能力，是与培养学生的语言能力同等重要的教育教学任务。

第二节　语文思维能力的培养与实践

一、语文思维的方法与品质

（一）语文思维方法

语文学科在长期的发展过程中，形成了一整套思维的基本方法，掌握这些方法是形成语文思维能力的基础。常见的语文思维方法有分析与综合、比较与分类、抽象与概括、联想与想象等。

1. 分析与综合

分析是把整体在思维中分解成为不同的组成部分，进而分别考察研究不同部分之间的关系，研究它们在整体中的地位和发展变化，从而揭示事物的本质属性的方法。对事物的分析可以是多方面的，既可以从结构、种类、特点来分析，也可以从性质和功能来分析。在具体的情境中，应根据事物的具体情况和需要，恰当地选择分析的角度。从思维的角度来看，可以从整体到局部进行分析。这种思维方法能通过以下步骤来实现：首先，将整体分解成各部分；其次，分析各部分间的相互作用和联系，研究它们各自的地位和作用以及与其他部分发生相互作用的规律性。

在分析的基础上，综合是把研究对象的不同部分重新结合为一个整体，以把握事物的本质和规律的方法。从思维的角度来讲，综合具有以下特点：第一，以科学分析为基础。只有在弄清事物的组成部分及相互关系、主要矛盾、次要矛盾、矛盾的主要方面和次要方面的基础上，才能在整体上把握研究对象的本质规律。第二，从局部到整体。此时的整体已不是原先对事物的一种笼统的认识，而是一种理清事物内部组成、相互关系和本质属性的整体。

2. 比较与分类

比较是明确事物之间异同点的思维方法。其过程是先对观察对象进行分析，分析观察对象各方面的特征，再将观察对象按其特征进行对比，得出哪些方面具有相同点，哪些方面具有不同点，从而鉴别观察对象的异同。在语文教学中，可以通过比较，找出表面上差异很大的事物之间的相同点，或表面上极为相似的事物之间的不同点。高中学生在语文学习中的比较可分为三类：一是类似比较，即比较两个或两个以上对象的相同点；二是差异比较，即比较两个或两个以上对象的不同点；三是系统比较，即全面比较两个或两个以上对象的相同点和不同点。

在语文教学中，教师常会通过对两首诗歌的相同点和不同点的比较分析，帮助学生加深对于诗歌的理解。

分类是在比较的基础上，根据研究对象的异同点，把事物分门别类的思维方法。在高中语文学习中，大量的事物之间存在着各种各样的相同点和不同点。因此，我们常常根据研究对象和学习目的，按照统一标准，将研究对象划分为某一类。语文学习中的分类必须遵循以下原则：一是必须制定统一的标准；二是要能反映事物的层次。

3. 抽象与概括

抽象是指通过思维把某一事物的本质属性或特征从众多属性或特征中抽取出来的思维活动。通过抽象，可以使人的认识从感性阶段上升到理性阶段。抽象的思维特点体现在：要根据研究对象和问题的特点，在对事物进行分析比较的基础上，撇开问题中个别的、非本质的因素，抽取出主要的、本质的因素。概括是在抽象的基础上，将事物一般的、共同的属性或特征结合起来，或者把个别事物的本质属性或特征推广为同类事物的本质属性或特征的思维活动。两者是人们形成或掌握概念的前提。概括作为其他思维品质的基础，影响着思维活动的深度、广度和灵活程度等各个方面。概括可以帮助学生进行逻辑推理，培养学生思维的深刻性和批判性；概括可以帮助学生进行灵活的迁移，培养学生思维的灵活性和创造性；通过概括的"缩减"形式，也可以培养学生思维的敏捷性。语文学习离不开概括能力，学生的概括能力越强，其知识系统越完善，知识迁移的能力就越强。

4. 联想与想象

所谓联想，就是因某人或者某物而想起与之相关的相似联想，是由与某事物或现象相似的其他事物或现象中产生新设想的思维活动；接近联想是因事物之间彼此接近进而产生新设想的思维活动；对比联想是指对于性质或特点相反的事物产生新设想的思维活动；因果联想指对有因果关系的事物产生新设想的思维活动。

想象是人脑对已有表象进行加工、改造而创造新形象的过程。根据想象的目的性可把它分为无意想象和有意想象。无意想象是一种没有目的性的，不需要任何意志努力的一种想象；有意想象是一种有目的性、自觉性和组织性的一种想象。根据创造程度的不同，想象可以分为再造想象和创造想象。

语文想象活动中的认知加工方式有：比拟（把无关的两个或以上的客观事物的属性或特征结合起来构成新形象的过程）、夸张（增大或缩小客观事物的正常属性或特征，并使之变形）、拟人（对客观事物赋予人的形象或特征，从而产生新形象的思维活动）。

（二）语文思维的品质

思维能力是智力和能力的核心。思维品质反映了个体思维能力的强弱，是判断一个人的智力层次（即正常、超常或低下）的主要标志。语文思维品质是指人们在语文学习和实践过程中逐渐形成、发展并表现出来的，能直接影响工作效率的个体智力特征，包括思维的深刻性、灵活性、敏捷性、批判性和独创性五个方面。

1. 深刻性

语文思维的深刻性是指思维的抽象逻辑性，反映了语文思维的抽象程度和逻辑水平，体现了思维活动的广度、深度和难度。它表现在学习者善于深入地、逻辑清晰地思考问题，能抓住问题的本质和规律；善于开展系统而全面的语文思维活动；善于在整体上用联系的观点认识事物，掌握语文知识。

在阅读过程中，教师要培养学生能全面、准确地理解所读的内容，概括文章主旨，把握作者意图的能力；要培养学生善于深入思考，从中发现规律和本质的能力；要培养学生善于比较不同时代、不同文体、不同作者的作品的阅读规律的能力。在写作过程中，学习者要能够透过现象观察事物的本质；文章立意要有深度，要能够抓住自己所要表达的事物的中心，并用准确、简练、生动的语言进行表达。

2. 灵活性

语文思维的灵活性是指语文思维活动的灵活程度，指思维能够根据客观情况的变化而变化。语文思维的灵活性是以深刻性为基础的。灵活性具有四个显著特点：一是思维方向灵活。语文教师要培养学生善于从不同角度和方面思考问题，用不同的知识和方法正确地解决问题的能力；二是思维过程灵活。语文教师要培养学生善于分析与综合并灵活转换的能力；三是迁移能力强。学习者要对语文知识和语文方法能够有效地进行正迁移；四是思维结果灵活。

在阅读过程中，教师要培养学生善于使用多种阅读方法，从不同的角度、方向思考所读的内容，并得出多种合理而灵活的结论的能力；要培养学生善于将不同的阅读内容联系起来的能力；善于将以前学过的知识和方法灵活地进行迁移的能力。在写作过程中，教师要培养学生善于从不同的角度观察事物的能力；培养学生善于从不同的角度和方面进行选材的能力；培养学生善于采用灵活的表达方式和修辞手法的能力；培养学生可以用同一题材表达不同的观点、同一观点使用不同的题材的能力。

3. 批判性

语文思维的批判性是指学生对于自己思维过程的一种自我反省、自我调节和自我修正的智力品质。思维批判性具有五个主要特点：第一，分析性，即不断地分析解决问题所需的条件，并反复验证所拟定的假设和方案；第二，策略性，即在头脑中形成解决问题相应的策略、方法、步骤或手段，并在实践中进行检验；第三，全面性，即善于客观地分析正反两方面的依据，坚持正确的方案，及时修改错误的部分；第四，独立性，即善于独立思考问题，拥有自己独特的观点，不人云亦云，盲目附和；第五，正确性，即通过缜密的思维活动，实事求是地分析问题，使得结论具有正确性。

语文阅读教学中，要求学生能够对阅读内容进行辩证的分析；要善于顾及作者本人和作者所处的时代背景，能够"知人论世"，对文章进行全面的评价；要善于通过比较分析发现文章的风格特色。在写作过程中，教师要培养学生掌握写作的基本方法和常用的修辞手法；培养学生修改作文的良好习惯；帮助学生学会自评作文，写作文小结；要求学生及时总结自己的写作经验，并对不足之处进行专项训练。

4. 敏捷性

语文思维的敏捷性是指思维过程的迅速程度，思维的速度和正确性是思维敏捷性两个重要的指标。高中学生语文思维的敏捷性是指在学习语文知识时，能够快速、准确地掌握所学内容，并在头脑中内化；在运用语文知识解决问题时，能够迅速、准确地利用原有的认知结构，找出问题的关键，运用恰当的知识和方法，最终正确地解决问题的思维品质。

培养学生的思维品质的敏捷性是高中语文教师的教学目标之一。例如，在阅读教学中，教师要帮助学生掌握速读、跳读、泛读等阅读方法；帮助学生迅速捕捉所读文章的主要观点，寻找自己所需要的主要材料。在写作教学中，要培养学生善于观察，将观察到的材料变成写作素材；要培养学生在较短的时间内根据要求写出不同文体的作文。

5. 独创性

语文思维的独创性即思维的创造性，它表现为善于独立思考，善于创造性地发现问题和解决问题。独创性品质有三个特点：一是独特性，学生要有自己独特的思维方式；二是新颖性，学生要乐于采用新的思维方法进行思考，这是独创性最重要的标志；三是发散性，学生要善于在广阔的领域内独立思考问题。例如，在阅读过程中，学生要能够根据自己的需要和现实水平，选择适当的阅读内容和阅读方法；在阅读中要善于联想、比较和鉴别，要有个人独特的见解，从中获得美的享受；要能够创造性运用各种阅读方法，形成自己的观点。在写作过程中，要培养学生形成新颖的观察事物的角度；选择新颖的写作题材；培养学生准确表达自己想法的能力，并逐步形成个人写作风格。

二、语文思维能力培养的策略

语文思维能力是由语文思维的内容、方法和品质构成的一个有机的整体，对语文思维能力的培养必须贯穿在语文知识的教学中，让学生掌握思维方法，并训练学生的思维品质，这是培养学生语文思维能力的基本思路。在课堂教学中，要有效促进学生思维的发展，还要遵循如下基本策略：

（一）引起认知冲突，激发积极思维

认知冲突是指认知发展过程中原有认知结构与现实情境不相符时在心理上所产生的矛盾或冲突，这种矛盾的存在是学生积极思维的基础，而积极思维是发展思维能力，深度理解知识的前提条件。语文课堂教学中要基于教学目标，充分利用各种手段，抓住教学重

点，联系学生已有经验，设置一些能够使学生产生认知冲突的"两难情境"，引起学生的认知冲突，激发学生的积极思维。

教学活动是教师和学生共同参与的活动，课堂提问是在众多形式的双边互动中使用最为频繁的一种，它不仅可以诊断学生的学习状况，进行情感交流，激发学生的兴趣，更重要的是能产生认知冲突，激发学生积极思维。依据问题所涉及的认知水平，可以把课堂中教师所提的问题分为无认知问题、低认知问题和高认知问题。其中，无认知问题是指不能引起学生积极思维的问题，如引导、鼓励和核对的问题；高认知问题则是指能激发学生积极思维的问题，如分析、综合和评价的问题。语文课堂教学中要尽量提高认知问题，少提低认知问题，避免无认知问题。现行的教学中，教师提出大量的低认知问题和无认知问题，严重影响了学生思维的发展。

（二）加强课堂互动，促进社会建构

学习是一个积极主动的建构过程，知识是个体经验的合理化，并不是说明世界的真理；教学要基于学生的已有知识和经验，而不是由教师把知识简单地传授给学生；教师是教学情境的创设者，是学生学习的引导者和帮助者，而学生是学习活动的主体；学生的有效学习是在一定的情境下，在他人的帮助下，通过人与人之间的协作与交流等方式进行的。社会文化环境会影响学生思维活动的发展，体现到语文课堂教学中，就要求教师要重视课堂互动环节。课堂互动是在课堂这个环境中的师生互动和生生互动，是教师、学生和环境之间的相互影响的过程，在这个过程中，学生处于主体地位，教师应基于学生的实际组织教学。从互动的主体来讲，课堂互动有师生互动和生生互动；从互动内容来讲，课堂互动有思维互动、情感互动和行为互动，其中：情感互动是基础，行为互动是表现，思维互动是核心。高中语文课堂教学中，教师必须重视课堂互动，特别是促进师生之间和生生之间的更为深层的思维互动，这更利于促进学生思维结构的发展。

（三）重视总结反思，强调应用迁移

所谓元认知，是指对认知的认知，包括元认知知识、元认知体验和元认知监控三部分，其中元认知监控是核心部分。元认知监控就是一种自我监控能力，是人们将活动本身作为意识的对象，不断对其进行积极主动的计划、检查、评价、反馈、控制和调节的能力，与批判性思维有密切的联系，是教师教学能力的核心和学生学习能力的核心。因此，教学中要重视学生自我监控能力的培养。为了有效培养学生的自我监控能力，或者元认知能力，或者批判性思维能力，语文课堂教学中一定要重视总结和反思。在每次课堂活动的开始和结束，教师都要引导学生对学习对象、学习内容、思维方式和方法等，及时地进行总结和反思。通过总结和反思，可以帮助学生加深对知识和方法的理解，通过对经验的总结，发展自己的认知结构，提高自我监控能力。

应用是检测学习效果，巩固所学知识的重要途径。学习中的迁移则是指一种学习对另一种学习的影响，它广泛地存在于知识、技能、态度和行为规范的学习中。重视知识和方法的应用和迁移，有利于加深学生对知识的理解，提高学生的思维能力，为此，要将应用迁移作为语文课堂教学中培养学生思维能力的基本原理。在语文课堂教学中，要做到：第一，要使学生应用所学的知识和方法解决实际问题；第二，让学生将所学的知识和方法与以前学过的相关知识和方法联系起来，实现对这些知识和方法的主动建构；第三，让学生将所学的知识和方法迁移到其他情境中去，迁移到其他课文中去，迁移到现实生活中去，从而培养学生思维的灵活性。

三、语文思维能力的实践探索

语文是思维与语言相结合的学科，高中阶段是学生思维能力发展的关键阶段，探索高中语文教学中学生思维能力的培养，不仅对学生思维能力的提高具有重要意义，而且对于学生提高语文能力，加深对语文知识的理解，具有重要的影响。

（一）明确课堂教学的目标，制定思维培养计划

语文教学是一种有目的、有计划的活动，思维能力的培养是语文教学的重要目标之一。因此，必须结合知识的教学目标和计划，制订思维能力培养的目标和计划。首先，根据高中语文教学目标确定中学阶段需要培养的思维能力目标。其次，根据各部分知识或者培养思维能力的任务，以及学生、教师和教学内容的特点，制定比较明确的课堂教学目标和教学规划，选择适当的教学方法和教学时间。第三，在教学过程中，要训练学生迁移的能力，可以将同一种思维能力在不同的情境下进行训练。

（二）创设良好的教学环境，引起学生的认知冲突

学生积极主动的思维是发展学生思维能力的基础，积极思维的前提条件是具有良好的思维环境。情景教学理论，从其操作要素可以看出，情景创设是激发学生积极思维的有效手段，教师只要抓住思维这个核心，就为有效的课堂教学奠定了良好的基础。良好的思维环境应引起学生的认知冲突。认知冲突是认知发展过程原有概念或认知结构与现实情境不相符时在心理上所产生的矛盾或冲突。在高中语文教学中，教师创设良好的教学环境，引

起学生的认知冲突，首先要创设民主平等的教学环境。教师采取民主的教学方式，平等地对待每一个学生，发挥学生的主体性，鼓励学生进行独立思考，敢于让学生标新立异，挑战权威，最终形成学生主动学习，积极参与的课堂教学氛围。

（三）结合语文知识教学，教给学生思维方法

学生的思维能力是在知识的学习和活动中逐渐形成和发展起来的，其培养也必须贯穿在这些过程中，并力争让学生理解语文的思维方法。语文思维的方法很多，包括观察、审美、联想与想象、比较与分类、发散思维等。这里举例介绍观察、联想与想象两种方法。

第一，细心观察，走进生活。观察是一种有目的、有计划、较持久的知觉行为，它虽然不属于语文思维，但是语文思维的重要基础。语文中用到的观察方法主要是顺序观察和对比观察。顺序观察是按照客观事物本身所具有的系统性及其周围事物的联系有顺序地进行的观察；对比观察是把几个事物或者同一事物的不同方面进行比较的观察方法。苏霍姆林斯基倡导"思维课"这种教学模式，提倡"在观察中思考，在思考中观察"，有效地将观察与思维相结合。高中语文教材中，许多文学作品都是在作者细致入微的观察基础上完成的，供给我们丰富的观察经验和观察方法。教学中将这些文章作为重点，让学生领悟作者观察的方法，可以有效培养学生观察的能力。

第二，放飞联想和想象的翅膀。联想，就是由此人此事此物想到彼人彼事彼物的一种思维。想象是人脑对已有表象进行加工、改造而创造新形象的过程。联想和想象是非常重要的培养学生思维能力的方法。

（四）设计系列性训练，加强思维品质的培养

语文思维品质有深刻性、灵活性、批判性、敏捷性和独创性。

1. 对于思维深刻性的培养

深刻性是指思维的抽象程度、逻辑水平，及其深度、广度和难度。它表现在善于深入地思考问题，把握事物的本质和规律，从整体上用联系的观点认识事物，开展系统的、全面的思维活动。思维的深刻性是一切思维品质的基础，在教学中培养学生思维的深刻性需要注意：第一，培养学生对于问题的理解能力。鼓励学生凡事多问为什么，摒弃死记硬背的学习习惯。第二，培养学生深入地钻研问题，抓住事物本质的能力。在教学中，可以积极地展开问题研究或小组合作活动，帮助学生更全面地理解所学内容，并通过课堂作业、调查报告或撰写小论文的形式培养学生钻研的习惯。

2. 对于思维灵活性和敏捷性的培养

灵活性指思维活动的灵活程度，反映了学习中对知识和方法的迁移能力。高中学生的思维灵活性发展迅速并且个体差异明显，因此，在高中阶段加强对于思维灵活性的训练十分重要。培养学生思维的灵活性要注意：第一，帮助学生多角度思考问题，培养学生举一反三、一题多解的能力。第二，反对教条化，培养学生的迁移能力。要将课堂教学和练习考试结合起来，将所学的知识迁移到学习和生活中去。敏捷性是指教学基础上思维的速度。在高中阶段，学生思维的敏捷性也有很大的差异，并且从初二开始差异逐渐拉大。培养学生的敏捷性要注意：第一，培养学生熟练掌握基础知识的能力，养成课前预习的好习惯；第二，在课堂上进行一定的思维训练活动。要限定学生做题和思考的时间，培养思维的敏捷性。如让学生在限定时间内通过联想与想象，进行口头造句训练。

3. 对于思维批判性和独创性的培养

批判性是指思维活动中善于严格地估计思维材料和精细地检查思维过程的智力品质，具有分析性、策略性、全面性、独立性和正确性五个特点。古希腊的亚里士多德曾经说过"吾爱吾师，吾更爱真理"，这就是有思维批判性的表现。在教学中，教师想培养学生思维的批判性，就要注意有效地引导学生质疑，塑造自由平等的学习环境，培养学生敢于挑战教师权威的勇气，鼓励学生发现真理。独创性指善于独立思考，创造性地发现问题和解决问题的智力品质。培养学生的独特性，就要减少学生对于教师的依赖，切忌人云亦云，遇事要能够独立思考，具有独特的见解。在教学实践中，教师要鼓励学生打破常规，展示自我，让学生在已有的基础上独立思考。

第三节 语文教学与创造性思维

一、语文课堂教学中创造性思维能力培养的实施

（一）语文教学与创造性思维概括

1. 语文学科的性质，语言与思维的关系

语文学科既是基础工具学科，又是思维学科。语言是交际的工具，人们通过语言交流思想、传递信息。在未来信息时代中，信息的交流更加频繁，作为交际载体的语言会更加

丰富多彩。语文学科的任务之一，就是要使学生能够正确理解和运用祖国的语言文字，为学生继续学习和工作打下基础。语文学科是基础工具学科，早已得到大家的公认。语文学科又是思维学科，也越来越引起从事语文教学的教师的重视。

语言是人类最重要的交际工具，它同思维有密切的联系，是思维的工具，是思想的直接现实，是思维的"物质外壳"，语言和思维是不可分的。更准确地说，内部语言是思维活动的"物质外壳"。什么是内部语言？内部语言，就是和逻辑思维、独立思考、自觉行为有更多联系的一种高级的言语形态。它的主要特点在于：其一是不出声，或语音的发音是隐蔽的。其二是以自己的思想活动作为思考对象，先想后说或先想后做。其三是"简化"。内部语言是外部语言中的一些片断。内部语言与外部语言相比，在同时思考与表达一个问题时，前者的速度比后者快得多。内部语言不仅是逻辑思维和独立思考的特质基础，而且是思维发展水平的标志。内部语言的发展是和口头语言、书面语言的发展相辅相成的，而思维活动不仅借助内部语言，同时也要借助外部语言实现，由此可见思维与语言的密切关系。思维和语言既是密切相关的统一体，又是有区别的。从语言与思维的密切关系来看，语文学科又是思维学科。

2. 思维与创造性思维

由于思维的概括性和间接性，人通过思维，可以认识那些没有直接作用于人脑的种种事物，也可以预见事物的发展变化。人借助思维，能从个别中看到一般，从现象中看到本质，从现实中推测过去，预见未来。

创造性思维往往与创造活动联系在一起。创造性思维的特征是，思维的新颖性、独特性，发散性思维在创造性思维中占主导地位。学生在学习中的"发现"，或有创见地解决学习中的问题，也可称为创造性思维。

根据思维在解决问题时探索方向的不同，可将其分为集中思维和发散思维两种类型。所谓集中思维（又称聚合思维、求同思维）是指根据已有信息向着某一方向的思考，力图得出一个符合逻辑的正确答案的一种有方向、有范围、有条理的收敛性思维方式。所谓发散思维（又称辐散思维、求异思维）是根据已有信息，从不同角度，向不同方向思考，从多方面寻求多样性答案的一种展开性思维方式。根据问题所提供的信息，探索几个可能的答案。

集中性思维强调主体找到问题的"正确答案"，强调思维活动中的记忆的作用；发散性思维强调主体去主动寻找问题的"一解"之外的答案，强调思维活动的灵活和知识的迁移。集中性思维与发散思维是思维过程中互相促进、彼此沟通、互为前提、相互转化的辩证统一的两个方面。集中性思维是发散性思维的基础，发散性思维又是集中性思维的发展。集中性思维和发散性思维都是人类的思维的重要形式，都是创造性思维不可少的前提，二者都有新颖性。

创造性思维活动一般是按集中—发散—集中的顺序进行的。集中为发散提供了起点和归宿，发散又为实现创造（集中）提供了基础。发散性思维是创造性思维的主导成分，但必须与集中性思维有机结合，方能有高水平的创造性思维产生。

创造性思维包含有两种类型：一是重新安排已有的知识，创造出新的经验形象；或对已有知识从新角度去观察分析，也是一种重新安排已有知识的创造性思维活动。重新组合已有知识或从新的角度对已有知识重新观察分析，都能导致新的"发现"，提出对问题带有新颖性、独特性的见解，这是低层次的创造性思维活动，是每个普通人都具有的创造潜能。创造性思维活动的另一种类型，是在科学上的重大发现，在技术上的重大发明创造，提出前人没有发现过的新见解、新理论，这是科学家、发明家等人的创造性思维活动，我们对青少年的创造性思维的培养与训练，是指低层次的创造性思维活动。

发散性思维是创造性思维的重要主导成分，是测定创造力的重要指标之一。思维的流畅性，是指产生大量意念的能力，即反应迅速而众多，思维畅通少阻、灵敏迅速，能在短时间内表达较多的概念。只要不离开问题，发散量越大越好，这是发散性思维的指标。流畅性可分为四种：词语流畅性，指产生词语，满足语言特殊构造所要求的能力。观念流畅性，指在自由的情境下，产生所需要观念的能力。联想流畅性，即列举事物的属性以适应特殊情况的能力。表现流畅性，指产生连贯性论述的能力。思维的变通性，是指思考能随机应变，变化多端，触类旁通，举一反三，不局限于某一方面，不受消极定势的桎梏，能提出不同凡俗的新观念。思维的独特性，是指用前所未有的新角度、新观点去认识事物，对事物表现出超乎寻常的独特见解，具有新颖性的成分，它代表着发散性思维的本质。

（二）语文课堂要创设良好的思维环境

1. 创设良好的思维环境的必要性

创设良好的思维环境是培养创造性思维能力的前提。良好的思维环境会激发学生的认知兴趣，调动学生的学习积极性。兴趣是人的一种带有趋向性的心理特征。学生如果对某种事物发生兴趣时，他就会主动、积极执着地去探索。教学过程中只有努力激发学生的认知兴趣，才能去培养强烈的创造欲望。兴趣是学生能否发挥认识的主动性和积极性的向导。因此，教师应当努力激发学生兴趣，开启创造性思维的大门，酝酿良好的思维环境。

良好的思维环境还为营造融洽的师生关系打下基础。创造性思维能力的培养除了要依赖于社会历史条件外，更重要的是赖以顺利展开的各种教学条件，这里主要包括教学气氛和师生关系。良好的思维环境就是要有一个和谐的氛围和融洽的师生关系。在"以人为本"的教学理念下，首先要创设一种宽容、民主的教学气氛，使每个学生都积极参与教学活动，教师不再是宣讲者、指挥者。师生之间的民主、亲密、和谐的关系，是进行创造教学、学生创造性思维能力的主要前提。语文教师力求创造这样一种氛围：学生真正在思维上解放，他们不仅把教师看成师长，更重要的是当做朋友，真正知识上的朋友。

2. 创设良好的思维环境应遵循的原则

尊重学生提出的古怪问题；尊重学生的想象性和别出心裁的念头；让学生知道自己的观念是有价值的；间或让学生做些事情，但仅仅是为了练习，而不进行评价；从因果关系上展开评价。

在创造性思维过程中给教师提出的原则：民主的原则，就是要"以人为本"，尊重学生，尊重学生的各种思维，让他们充分发挥"主人"的作用，做课堂的主宰者。整体的原则，面向全体，使每个学生都能在这样的教学环境中开展思维活动，提高思维能力，尤其是那些认为不如别人的学生，给每个人以思维的权力。肯定的原则，在上述原则的基础上要做到"肯定"是主导。无论学生做出怎样的答案，教师都要从不同角度给予肯定，最起码肯定学生最初的思维是积极主动有热情的。个性的原则，让学生发挥个性特长，敢于"异想天开""突发奇想"，甚至于"想入非非"，让思维的火花绽放。

3. 怎样创设良好的思维环境

（1）打好思维基础

创造性思维基础应当是相应的知识的积淀，厚重的知识基础是创造性思维能力培养的源泉，很难想象一个知识贫乏的人怎样去展开丰富的想象，开展创造性思维活动，成为创造性人才呢？可以组织学生建立资料库，广泛收集语文资料，积累汉语、古诗词名句、名人轶事、成语故事、阅读写作知识等方面的资料，通过晨读时间和活动课时间让学生将收集的资料加以整理。还可以组织学生搜集信息源。大量的信息储存，可以使学生开阔视野，博采众长，展开思维视角，认识社会，放眼世界，展望未来，在有限的时间和空间里，索取无尽的知识。

学生通过建立资料库和搜集信息源的方式，可以打好思维基础，从客观上创立良好的思维环境做知识上的储备。

(2) 建立良好的学习机制

学习机制是系统过程，但就学习的动机、认知能力看，建立良好的学习机制首先应从学习动机入手。比格斯的研究表明，学生的动机决定他们选择什么策略，并决定他们使用这些策略的效果。具有外部动机的学生倾向于选择和使用机械学习的策略，具有内部动机的学生倾向于选择使用有意义的和起组织作用的策略。良好的学习动机会促发学生进行思维创造。

（三）语文课堂要重视培养学生的思维品质

思维品质是在思维活动中所表现出的个性差异，又做思维的智力品质。培养和发展思维品质是培养学生创造性思维能力的主要途径。

1. 培养思维品质的重要性

（1）能使学生辩证地认识、分析、解决问题

思维发展既有共性又有个性，他们既承认思维发展的共性，又强调思维发展的个性，并且指出个性特点就是思维品质。这是从辩证唯物主义观点出发，在培养学生的思维品质中让我们看到既有普遍性存在，又有个性差异，这便是重视个性发展，敢于辨思，从而辩证地解决问题。

（2）使心理学理论与教育有机地结合起来，提高教学效率

"教学与发展"的思想强调在各科教学中始终注意发展学生的逻辑思维，培养学生思维的灵活性和创造性。因此，把学生心理发展与教育教学发展紧密地联系在一起，目的是通过培养学生的思维品质达到良好的教学效果。今天我们确立培养学生思维品质目标就是将它与教学紧密结合，在教学实践中真正地去培养学生的思维品质，优化教学过程，提高教学效率。

2. 思维品质培养的内容

思维的深刻性，即抽象逻辑性。思维的深刻性集中地表现在善于深入地思考问题，抓住事物的规律和本质，预见事物的发展过程。思维的灵活性，指思维活动中智力的灵活程度，包括思维起点灵活，过程灵活，迁移能力强，善于组合。思维的独创性，是指独立思考，创造出有社会价值的具有新颖成分的智力品质。思维的敏捷性，指思维过程中的速度或迅速程度。思维品质的具体内容构成创造性思维的整体。

二、创造性教法与创造性学法

(一) 互动—创新式教学理念

学生创造能力的高低,衡量着创造教育的质量,而创造教育的质量又必然反映着语文教师的创造水平。学生学习语文的好坏,对知识的摄取、传递和创造能力是否能有效形成,直接决定学习创造能力的形成与发展。

1. 理论依据

(1) 哲学依据

马克思主义的认识论和人的全面发展学说是实施互动—创新教学的哲学基础。人类的认识来源于实践,并受实践的检验,又在实践中不断得到完善和发展,因此,学生必须亲自参与整个教学过程,主动获取各种经验的信息,开动脑筋,调动各种思维方式,运用正确的思想、观点和方法,进行分析、综合和创造性探索,在积极的实践活动中获得知识,培养能力,实现各种素质的全面、和谐、协调发展。

(2) 教育学心理学依据

新的教育思想追求教学过程的民主化,主张创设平等宽松的氛围,使师生相互尊重,相互协调,让学生平等参与教学,真正让学生成为学习的主人,把被动接受的"要我学"转化为主动进行的"我要学"。学生具有潜在的发展能力,需要教师的帮助、启发、教育、指导。教育要培养、创造有创造力的学生集体,要解放学生的创造力,培养发挥学生的创造精神,并将开发文化宝库的钥匙交给学生,培养学生的"自动力",重视学生对文化科学知识的探求。

2. 概念的界定

(1) 互动—创新教学的含义

互动—创新作为一种高中语文教学机制,它是以互动为主要教学原则、策略和方法,以培养学生创造精神和实践能力为主要宗旨的教学组织结构和教学发展过程。这个过程以互动学习为起点,以迁移创新为方向,既是一个训练实践的发展过程,也是一个认识运动的发展过程。它是在互动教学思想的指导下,运用互动的教学方式组织起来的教学结构和训练过程。

(2) 互动—创新教学的基本框架

组成教学系统的三个主要元素是教师、学生和教材。在互动—创新教学过程中,它们之间的结构关系应当是教师与教材、学生与教材、教师与学生、学生与学生四对相互作用的立体交叉关系。在教师对教材进行科学处理之后，学生在教师的组织和指导下与老师和同学共同探讨学习，并将在学习和探讨中获得的信息反馈给教师和其他学生，同时，又在教师和其他学生的评价和迁移训练中获得新信息，从而达到对所获信息的积累、突破和创新，内化成为自己的语文能力和素养。

3. 操作原则

互动—创新的教学组织结构和教学发展过程应当视为一个有机教学活动整体。我们必须用马克思主义认识论的整体性原则，以及现代系统科学的系统性原则、协同性原则来全面认识、把握和发挥整体功能，并用信息论和控制论的原理和规则在实践中适时地加以调控。

（1）主体性和自主性原则

教师是教学主体，学生是学习主体，只有富有创造力的教学主体，才能焕发出学习主体的创造活力。要焕发学习主体的创造活力，教师就必须尊重学生，注意养成学生的自主性。培养这种自主性的一个重要途径就是培养学生的自学能力，包括培养学生自学的心理素质（心志坚、心力专、心趣浓、心绪宁）、自学的基础（强调结构化的知识便于学生运用与迁移）、自学的智力品质（强调记忆、联想、想象、逻辑思维、辩证思维和创造思维能力培养）、自学的方法与技巧（强调掌握听、说、读、写基本方法，会筛选、归纳、整理、表述、运用、生成信息）、自我评价自我调控能力（强调一分为二而又把握好是非、对错、美丑界限和自我调控心理，养成耐挫折而善于与他人合作的品格）等方面。引导学生从学会自立学习，进而学会生存，学会做人，形成独立、自尊、自重而又富于创造性的人格。

（2）互动性和协作性原则

互动包括师师互动、师生互动、生生互动、群体互动，具有一种多维的互动性，而互动性的过程中互相促进、互相协作。其中，师师互动包含在教学设计的过程中，教师们集体研讨、各抒己见、取长补短，设计更优的教学方案。而教学实施过程中，教师不仅是课程学习的"教"者、"述"者、"问"者和"指导"者，而且是"学"者、"思"者、"听"者，不仅是课程学习过程的调度者和局部障碍的排除者，而且是课堂信息的捕捉者、判断者和组织者，同时，利用反馈的信息，及时调整、及时优化教学方法。而学生不仅是"听"者、"答"者，而且是"问"者、"说"者、"思"者；不仅是"学"者，还会从"学"的领域扩展到对"教"的参与，部分地成为"教"者。师师、师生、生生共同思考，讨论，交流，整个教学过程中，始终处于一种互动、协作状态。

（3）创造性与求真性原则

所谓创造性是要以创造教育思想为指导，教给学生创造性思维方法，引导学生参与创造性活动，培养学生创造力。培养学生创造力的前提是树立每个学生都是创造潜力的活生生的人的观念，要珍视他们创造性思维的萌芽。所谓求真性就是在发展学生多向、逆向创造性思维能力的同时，注意思维的求同性与求真性，即对人类共同公认的某一历史时期促进生产力发展的相对真理的认同，防止思维训练的绝对化。

（4）活动性与优质性原则

所谓活动性就是保证学生参与学习活动的时间，所谓优质性就是保证学生参与学习活动的质量。一般情况，一节课的 2/3 以上时间，让学生参与学习活动：读书、质疑、讨论、答问、演讲、互评、做卡片、整理笔记、作文等等，有时还安排时间到图书馆查找资料。

为提高学生参与学习方法活动的质量，要特别注意强化质疑这个环节，因为学生能提出问题本身说明他动脑筋思考了。学生参与学习活动可分为三个层次：浅层次参与（一般的朗读、复述和简单问题的答问、讨论、有准备的演说等，这种参与对活跃课堂气氛，调动学习较差学生的学习积极性有好处，但思维训练不够）。较深层次参与（自学提出问题，归纳文章要点，分析内容写法，比较同类或异类文章异同，观察生活现象或阅读短文引发议论等，其参与特点是这些活动伴随着积极的思维活动，智力得到较有力的开发）。深层次参与（即创造性参与）。一堂课，高中学生所参与的活动也应有一部分属较深层次和深层次参与。

（二）创造性思维与创造性教法

要培养学生的创造性思维，教师的教学方法，必须具有创造性。教学方法是为了达到教学目的所采用的手段，既包括教师教的方法，也包括学生学的方法。完善的智育的一个非常重要的条件，就是教学方法、课的结构以及课的所有的组织因素和教育教学因素，都应当与教材的教学目的和教育目的相适应，与学生全面发展的任务相适应。教学方法的优劣，从某种意义上说，决定着教学水平的高低，并直接影响着学生的学习情绪、思维紧张程度以及学生对教材的识记、理解与应用的水平。

1. 创造性的教法的含义

"教无定法"。教学方法的概念总是综合的，懂得这一点，在实际过程中就不会人为地把各种方法割裂开来，既然教学方法的概念是综合性的，那么，在教学时，必定是多种方法有机结合地使用。由于教学是师生的双向活动过程，教师的教，是为了学生的学，因此，在教学过程中，占中心地位的是学。这里，就要研究一下，什么叫学习的问题。只有当学习者知道学习的结果时，才能发生学习。学习的科学定义是：学习者吸收信息并输出信息，通过反馈和评价知道正确与否的整个过程。吸收、输出、反馈、评价缺一不可，学生是活生生的、有个性的人。在学习过程中的吸收、输出不是机械的，而是伴随着学生的兴趣、情感、意志等非智力因素参与的。教师必须依据学生的心理特点，通过教，发展学生的创造性思维。

2. 创造性的教法

(1) 课前演讲的创新

进行课前演讲是众多语文教师都在进行的一个教学环节，它在提高学生的口头表达能力方面起到了重要作用。语言训练要与思维训练同时并举。然而，大部分教师却忽视了这也是进行创造性思维训练的良好时机。

(2) 课堂提问的创新

课堂实践告诉我们，学生思维最活跃的时候，往往是师生提出一些具有启发意义的问题的时候，什么样的提问才能激发学生的创造思维呢？第一，设想性提问。第二，发散性提问。第三，质疑性提问。

(3) 课型结构的创新

课型结构，指的是一节课的组成部分及各部分之间的联系、顺序和时间分配。它反映一定教材单元体系中一节课的教学过程及其组织。课的结构组成是以认识理论、学生心理特点和教学理论为依据的。我国现阶段课型结构的组成，是以辩证唯物主义的认识论和心理学科学为指导，总结教学实践经验为依据的，力求保证课堂教学的合理性。

（三）创造性思维与创造性学法

随着社会的发展，教师的重要任务显然不仅是如何传授知识，而是引导学习，帮助学生掌握科学的学习方法。要培养学生的创造性思维，教师不仅要重视研究教法的创新，更重要的是要研究学法的创新。其实学法是教法的出发点，也是教的归宿。结合新课标所提出的"自主、合作、探究"式的学习方法，我们指导学生从以下几个方面进行了尝试。

1. 探索课前预习—课中对话—课后拓展的互动学习策略体系

(1) 预习引导策略

从读通课文到读懂课文，从读有收获，到读有疑问，分步提高，螺旋上升，最终达到自能学语文的能力基本形成。具体讲，该策略的研究内容包括：预习指导的渐进性（要求读清内容—读出思想—读出疑问）。预习资源的开发：包括合作资源（家庭式、小组式合作预习）、信息资源（家庭书柜、教室书吧、学校图书室、校外书店、网络、电视音像材料）等。这种预习策略为学生的独立阅读提供了广阔的空间，不仅有利于适应学生的多元智能，培养自学能力，同时也是充分利用学生个体资源的积极措施，是落实"先学后教"原则的重要体现。

（2）预习展示策略

学生经历了充分的预习，都是怀着强烈的表现欲参与课堂活动的，因此，有必要创设展示的舞台和交流的平台。所以我们构建了"预习展示策略"，其具体操作步骤是："二读"（自主读通课文、读会生字词）；"三说"（说文章的相关材料、说自己读懂什么、说自己是怎么读懂的）；"一问"（问预习中的疑难问题）。这不仅可以使学生获得成就感，也能使学生之间互相借鉴、互相启迪，从小学会欣赏别人、尊重别人。

（3）课中对话策略

课堂上，教师积极鼓励学生敢于提出自学过程中的疑问或困惑，并结合教师个人对教学材料的理解，引导学生筛选有研讨价值的话题，对课文中的重点、难点引导学生展开师生、生生、师生与文本、作者之间的对话研读。课堂上可采取个人自学—小组合作—大组交流等方式，围绕问题展开互动教学。

（4）课中实践体验策略

具体做法是，在学习过程中根据不同学习内容和语言训练的要求，为学生创设多项互动学习的机会，调动学生的手、口、眼、耳、鼻、脑等多种感官参与语文学习。比如：读书竞赛活动、游戏表演活动、歌咏绘画活动、观察欣赏活动、讨论辩论等实践体验活动。"课中实践体验策略"遵循的是"互动—发展""做中学"的原则，以各种形式的互动来解放学生的身心，打破传统教学的沉闷灌输，使课堂焕发出勃勃生命力。

（5）课中语言再造策略

围绕"语文"这一语言训练载体展开听、说、读、写等实践活动，如：成语展示会、吟诗会、故事会、想象作文、图文日记、设计校园警示语、为家乡设计宣传广告、写调查报告等，使学生在一种轻松愉快的互动环境中学习知识，发展能力，获得情感态度和价值观的体验。

2. 培养互动学习的习惯

互动—创新学习模式的实施步骤：

课堂教学过程中，学生自主预习、自主探究、自主发展，让学生在师生、生生、师生与文本、学习环境等互动学习中，学会学习，学会思考，学会创新的一种学习方式。

自主预习是前提，它是指预习新知识（包括教材和与教材相关的参考资料）过程中采取同化和迁移的策略，搭建自我认知结构。它是培养学生自学能力的重要途径，也是掌握知识、运用知识，培养创新思维的基础。

自主探究是关键，就是指在形成自我认知结构的基础上，用自己向自己提问（或同学之间，或师生之间）的互动形式，加深学生对知识的理解，沟通新旧知识的联系，培养学生分析和解决问题的能力，它是师生对自我认知结构进行检验的关键。

自主发展是通过师生、生生、师生与学习环境等多维互动，解决各种疑问，让学生形成独特见解，培养研究性、创造型人才，这是互动学习模式的最终目的。

"自主预习、自主探究、自主发展"，是一个既相互联系又逐步递进的认知发展过程。

"互动"是把教学活动看成是一种人际交往的信息动态生成过程，是必须借助于多种媒体形式来实现的，它不仅要求师生动口、动手，更要动情、动思，把肢体、思想、情感的"互动"与文本、作者、环境的"互动"有机结合起来。在建立师生平等的情感基础上，采用师师互动、师生互动、生生互动等多种互助合作方式，优化教师与学生、学生与学生之间的交往，促进学生个体主动地学习、创造性地发展。"互动"不仅渗透在授课过程中，还包括课前、课后的互动。

第四节 语文教学中培养学生创新思维的策略

一、语文教学中培养学生创新思维的前提是教学观念的创新

（一）修正旧的培养目标，重视学生创造性人格的培养

在学生的脑力劳动中，摆在第一位的并不是背书，不是记住别人的思想，而是让学生个人进行思考，也就是说，进行生动的创造。这里的思考、创造结合起来说，就是指学生的创新思维。以往的语文教学，老师以教学大纲和教学参考资料作为授课内容的标准，学生则以老师的讲授为依据，形成了死板、教条的教学模式。另外，教师和学生都有应试教育的压力，使很多教学结论同一化、答案标准化、唯一化，教师和学生的思想都被禁锢住。学生就像是一只玻璃瓶，配合教师完成教学任务，教师把教学大纲规定的每项任务装进瓶子里，学生就得消化吸收，学生完全没有自己的思想和思维。在这样的情况下，既谈不上创新思维也谈不上创新活动。情感是创造性活动的动力，绝不是单纯的头脑活动所能取代的，没有情感活动，也就没有创造性活动的开展。传统教育却没有重视情感方面的活

动，没有把学生丰富的情感、生动的思想表达出来，只是简单地教授知识，机械地锻炼学习方法，严重地忽视了学生最有力的情感因素，这样是不可能培养出具有创新思维能力的人才的。

（二）尊重学生学习的自主性

要做到尊重学生学习的自主性，就要求教师在课堂教学中，必须做到以学生为主体，让学生成为课堂的主角。凡欲创造性学习的学生，必须具有一定程度的自由，他们应该在一定限度内自由行动和独立负责试验。运用高效率的教育手段，把学生学习的主动性、创造性、学习兴趣最大程度的提升上来。在课堂教学中，过去的传统教育和现代的创新教育有一个重要的区分点，就是学生与教师到底谁是核心。传统的教学过程最大的问题就是把教师当做教学的关键，学生处于被支配的位置，压抑了学生学习的主动性和创造性。创新教育要求学校要为学生服务，学生是教学的主体，教师在教学过程中只是起引导的作用。这样的教学方式才更有利于学生自主性和创新思维的培养。创新思维的培养是开展创新教育的灵魂，而创新思维的培养又离不开学生创新个性的养成。一个人的个性是相对稳定的，包括人的心理特征的许多方面，像兴趣、意志力、气质等等。通过创新性实践，发挥学生个性中有优势的地方，这样能够最大程度地激发学生潜在的创新能力。新课程改革的终极目标就是让每名学生更好地发展，要想达到这一目标，国民教育就必须摆脱传统教育、传统思想观念的束缚，给所有的学生一个充分发挥自己能力的空间去自主学习。尊重学生学习的自主性，激发学生的学习兴趣，鼓励学生不畏困难，积极探索，教师要看到每名学生身上的潜能，相信每名学生都有自己的特长，这些都是培养学生创新思维必须要做的。

（三）强化学生的问题意识，学会质疑问难

思考其实是人脑固有的特性之一，培养创造性思维能力的主要任务是培养思考能力。这种思考就是将古代的、现代的、本国的、外国的、个人的、社会的等等多方信息综合以后，把形成的各种观点进行冷静思考，具体分析事件的起因、现状以及未来发展趋向，并据此得出结论。如何才能引导学生勇于思考并善于思考，就是要给学生创造一个能够思考的环境，遇到问题要独立思考为什么，要学生提出自己的问题，以及对问题的看法和解决问题的做法，鼓励学生大胆假设，在和谐、民主、平等的课堂气氛中，充分展现自己独立思考的结果，能够提出问题更胜于能够解决问题。对新生事物的质疑，对各个领域知识的不同看法，思考问题的"别出心裁"以及特立独行的想法，只要是有创新的苗头，都是值

得充分肯定的。对于学生总结出的具有合理意义的、有价值的理论，教师应该给予进一步的引导，找出其中的闪光点。学生只有能够发现问题，才能够探索方法，解决问题，寻找解决问题方法的过程，也是创新思维的过程。有一个设想问题的环境，从疑问开始，使之成为创新思维的原动力，教师再根据教学过程中的基本原理、方法，精巧地设计出问题，以弥补学生欠缺考虑到的地方。还有一个学习上非常值得注意的问题，就是在重难点、思维空白等地方提出的问题要有一定的高度，要能引起学生的纵深思考，让学生的认识有一个质的变化。在设计好提问的基础上，教师启发学生沿着问题的思路继续思考，并独立地探索、研究、解决问题，激发学生创新思维的热情。

二、语文教学中培养学生创新思维的关键是管理的创新

（一）校长观念的创新

一校之长，作为教育思想的领导者和实践者，应该成为创新教育理念的先行者、教学改革的排头兵，要担负起深化教育体制改革落实者的重任。要想在语文教学中培养学生的创新思维就必须有管理的创新，而管理要想创新，最重要的就是校长观念的创新。首先，是校长要转变思想观念，教育的基础地位不可动摇。校长要做教师转变观念的引导人，虽然新课程理念已初步形成，但有些教师依然没有摆脱传统教学观念的束缚，还有形式化的教学现象存在，旧的教学观念转变不到位，新思想、新观念、新做法还没有完全应用到教育教学中去。谁能作为这种转变的急先锋，只有校长，校长总要高瞻远瞩，预见未来，理性思考，促进和影响教师观念的转变。其次，是校长要转变教学观念，校长自己要有新的教学理念的同时要把教师引导到素质教育的要求上来，摒弃传统的教学理念，不仅教师和学生的关系要改变，校长和教师的关系也要改变，校长要改变以往任何事情一人说了算的习惯，要与教师、学生做朋友，共同学习、共同进步、共同发展。最后，也是最重要的就是校长要有创新观念，无论是在用人机制上还是课堂教学模式上，或是教育科研上，这样才能促进学校新的发展。校长要转变评价观念，过去对教师的评价，过分注重教学大纲的完成情况、学生考试的分数情况、升学率情况，现在要转变为教师职业道德执行情况、培养学生自我学习能力情况、教学设计理念更新情况、尊重学生了解学生情况等。

（二）教师的创新思维培养

1. 教师要提高自身的创新能力

教师是国家教育发展和人才培养的关键，实施科教兴国战略，离不开教师的默默耕

耗。现阶段，我国越来越重视对学生的创新思维能力的培养，这也就给教师提出了更高的目标，教师必须有创造性思维能力，这是和学生的创新思维能力紧紧联系在一起的，只有教师首先做到创新，学生才能在其引导下，发挥创新能力。发达国家对教师的素质制定了新的界定标准：教师要全面、多方位、多视角地思考问题，富有创新精神，有良好的创新思维能力。那些思想活跃、见解独到、向上追求、不死板教条、不唯上唯书的教师往往都是具有创造力的教师，学生在他们的带领下，也会具有创新的思维。相反，有些教师，把完成教学任务作为自己的目标，把追求高分、高升学率作为自己行动的准则，一切听上级指挥，一切遵照教参，学生在他们的培养下，个个表现得中规中矩，固步自封，做事照抄照搬，因循守旧，裹足不前，缺乏创造力和想象力。

作为教师，尤其是语文教师，肩负着培养学生创新思维能力的责任，就这点来说，他们是培养学生创新思维能力的关键。俗话说打铁还需自身硬。教师必须具备较强的创新意识和创新能力，提高创新思维的素养，在创新实践中找出培养学生创新思维能力的规律，采用新方法，发掘学生的创新潜能，将传授知识和培养创新能力紧密地结合起来；多层次、多渠道地发现学生的闪光点，用教师的主导作用和自身的高素质，带动学生创新思维能力的提高，让那些能力差、素质低的学生也能迎头赶上；要做到不看低任何一名学生，发掘每个人的优点，使其创新意识在实践当中得以展示；打破传统观念束缚，破除旧的思维模式，教师自己要站在有个性的高度上，积极探索，锐意进取，提高自己的感召力。同时，教育行政主管部门要改革教师考核制度和教学机制，使教师放下包袱，轻装前进，调动教师的积极性，自我完善，创新激励模式；工作上不仅要重量还要重质，不仅要看职称更要看能力，看有没有创新意识和创新举措。只有从根本上重视创新能力的培养，教师才能充分发挥自己的个性，学生也才能真正地成为创新思维能力培养的主角。

2. 避免琐碎的量化打分

随着国家对教育越来越重视，许多学校为了提高升学率，对教师实施了量化打分的制度。量化考核原本是企业为了提高员工的工作效率和工作积极性而设置的，具有相当的合理性，但是运用到教育当中却是值得商榷的。因为一个人的知识水平是很难量化的，对学生的积极影响是无法量化的，教育的最终目的是为了学生的发展，这是所有教师共同的目标，很多责任是大家共同承担的，无法去分解量化。学校量化打分的标准主要是教师所授课班级的学习成绩，成绩好的班级教师打分就高。有的学校甚至对于成绩经常排末尾的教师给予下岗的处罚。这样的制度使得教师无法以平和的心态投入教学，只关注学习成绩，根本谈不上去培养学生的创新思维。培养学生创新思维是一个长期的过程，并不会在短期内明显地体现在学生的成绩上，学校这样的管理制度扼杀了许多教师的创新教学能力，更影响了学生创新思维的养成。所以，学校的管理者应该把眼光放长远，本着真正为学生发展的终极目的，科学合理地制定管理制度，给教师更多的创造空间，更好地发挥每名教师的专长。

三、语文教学中培养学生创新思维的保证是语文课堂教学的创新

（一）创设想象情境

在特殊的境况和特定的条件下，灵感就会随之产生，教师应加以诱发，为学生产生灵感提供温床。写作这一板块是最好的培养学生创新思维的地方。如何激发学生创新的热情，提高学习兴趣，是当今摆在教师面前的艰巨任务，要使学生身临其境，大胆想象，抓住某一瞬间闪现的新奇想法，这样写出的作品才生动。假如要写一篇关于春天的散文，教师除了用传统的教学方法引导学生回忆大诗人或大文学家的名作外，为了使春天的描写更加真实独特，还可以带领学生走到郊外，去踏青，去感觉，去体验春天的气息。通过观察、思考后结合自己的感觉，加以综合想象，把自己眼中的春天勾勒出来。最重要的一点是教师要灵活地运用自身的创造性元素，引导学生展开丰富的联想，进行创新思维，把自己的生活经验和知识积累运用到写作中，这样学生的创新思维才能在写作中得到开发，写出的文章也更加优秀。我们注意到了这些细节之后，学生的创新思维能力将得到较大的提高，就能培养出越来越多的语文创造天才。

（二）在课堂上引导学生合作探究

学校传授的知识和概念，不应该是刻板教条的，不能要学生只是僵化地接受，这种注入式的教学方法在教学中，尤其是语文教学中是不可取的。中国的语言文化博大精深，源远流长，这其中也包含着卓越的创造力。语文教师应该顺应时代，与时俱进，改变传统的教学观念，要让学生懂得，掌握多少死记硬背的知识并不是学习的目的所在。我们处在知识爆炸的年代，知识日新月异地更新，我们就要永远保持一颗探索之心，对新鲜事物保持浓厚的兴趣，调整教学方式，将注入式教学变为合作探究式教学，旨在培养学生的创新思维能力，有意识地提出问题，寻求解决问题的方法。这种探究式学习要求教师要引导学生进行研讨，理清文章的整体结构，进行一些粗线条的认识，和学生密切合作，培养团队意识和协作精神，开展民主谈论。对于一些不得要领的问题，教师要抓住重点，不能放任自流，要抽丝剥茧，深入细致，对精要语句和晦涩难懂的问题要重点讲解，要有启发。

第六章 基于语文课程标准的综合性学习

第一节 基于语文课程的综合性学习目标体系

一、基于语文课程的综合性学习目标的分析

（一）基于语文课程的综合性学习的目标维度

1. 知识维度

知识维度主要是指综合性学习的主题指向语言文化知识的学习，专题活动以语言文化知识的获得为活动目标。基于语文课程的综合性学习目标在知识维度主要包含体验性知识和程序性知识。

（1）体验性知识

体验是由个体活动而产生的主观的感情和意识，它具有主观性、感觉性、个别性等特点，通过接触实际的对象，立足于实际的状况，通过五官体验作用于具体的对象，从中获得知识。体验性知识的学习与抽象的科学性知识的学习有着不同的特点，它不像科学性知识学习那样，全体学生面对同一课题，采取同样的方法，并寻求教师所认同的唯一正确的答案。体验性知识的学习，从学生认识的立场出发，重视学生的课题意识和思考的过程和方法，不限于一种问题的答案，它强调从划一的、统一的观点向个性的方向转换。体验性知识更重视直接经验和感受，强调个体学习过程的能动性、体验性和与他人的互动性。学生体验所获得的信息，在其后遇到类似的对象和情景时，其体验成为经验，意识成为知识，能够运用已有的经验解决实际的问题。体验性知识能够为今后的学习提供各种各样解释的基础，是学生和谐发展不可或缺的重要组成部分，综合性学习各阶段目标均体现了增加学生体验性知识的要求。综合性学习目标强调获得亲自参与的积极体验。"目标"中大量运用"观察""搜集""查找""策划""运用""调查""组织"等行为性很强的词语，强调学生必须具有综合性学习的实践行为。因为有了这些行为，才能产生具体的体验，才能逐步形成一种在日常学习和生活中习惯质疑、乐于探究、努力求知的心理倾向，激发探索和创新的积极欲望。

（2）程序性知识

程序性知识是关于"如何做"的知识，是学习个体获得知识和技能的方法，也是个体运用知识进行理解、判断的方法。教会学生学习，使学生掌握学习的方法和技能已成为当今学校教育改革所面临的一个重要课题。

程序性知识主要包括信息收集与交流的方法，调查、访问的方法，统计测量的方法，发表和讨论的方法，评价的方法等。这些方法是学生未来生存的基础学习。当然，这是一般的程序性知识，同时，它也包括一些特殊的方法，例如比较、观察、实验的方法等，在艺术学科中还要重视鉴赏的方法等。使学生掌握方法性知识是综合性学习课程的重要目标之一，当然也是综合性学习的应有目标。在综合性学习中，学生通过观察大自然，观察社会；参加校园、社区活动；利用图书馆、网络等信息渠道获取资料；参与办刊、演出、讨论；等一系列实践活动，将了解多样的跨学科知识，得到一份意外的收获。在综合性学习的阶段目标中，程序性知识包括了讨论、观察、表达、搜集资料、解决简单问题、策划、专题演讲、办刊、制订研究计划、写研究报告、调查访问、查找资料、引用资料、注释等基本方法。

2. 能力维度

能力维度主要是指综合性学习的主题指向学生能力的提升，专题活动以学生综合运用语言为现实生活服务能力的提升为活动目标。

（1）学科能力目标

基于语文课程的综合性学习首先是促进学生语文综合能力的发展。语文综合能力主要是指语文应用能力，它以语言文字的理解、使用和驾驭能力为基础，听说读写能力是其根基。促进学生听说读写能力的整体发展，促进学生综合语言能力的发展，是语文课程的基本任务，也是综合性学习的基本任务。语文能力的形成是一个循序渐进的过程，课程标准对各阶段学生听说读写能力提出不同的要求，且能力逐步提高。

（2）一般能力目标

综合性学习不仅要完成其学科性目标，提高学生的语文素养，提高学生将语文知识运用于实践的问题解决能力，还要通过跨学科的学习，使学生获得一般能力。

第一，认知能力目标。认知能力是在问题解决的过程中表现出来的观察力、记忆力、分析力和调查研究的能力。个体认知能力的形成是在一定的探究活动过程中形成的。综合性学习力图通过对自然现象与社会现象的观察和记录、观察结果和抽样结果的分析等活动形式，培养学生的观察力、记忆力和分析力；通过学生自主地进行研究设计、实施、评价、计算、统计、资料的收集及分析等的活动形式，培养学生调查研究的能力。认知能力是思考能力和创造能力发展的基础。

第二，思维能力目标。思维能力包括抽象的逻辑思维能力与直觉的形象思维能力、集中性思维能力与分散性思维能力、常规性思维能力与批判性思维能力等。针对不同的问题内容，需要不同的思维能力与品质。综合性学习主要是通过综合而复杂的现实生活问题的解决，使学生的各种思维能力得到统合发展。

第三，创造能力目标。创造能力主要是指学生在解决问题的过程中能够产生出"新的价值"和"新的作品"。综合性学习培养学生的创造能力，主要包括作品制作的能力和信息运用的能力。作品制作能力的培养，采用学生自己撰写和发表研究报告、制作和使用实验器材、自己制作媒体作品等活动形式。信息运用能力的培养，是通过学生各种信息媒体的操作、身边机器的操作和机器的设定等活动形式来进行。

第四，交往与交流能力目标。现代的交往能力，包括丰富的人与人之间、信息与信息之间的交往与交流活动的能力。语文综合性学习借助开放的时空，在学生交往能力的培养过程中，通过学生与同伴及不同年龄、不同民族、不同国家人们的平等交流和交往，通过国际、社会、校际、不同年级或同年级的集体和小组交流，使学生学会合作、互助、表达、倾听、尊重、理解。

（二）基于语文课程的综合性学习目标的特征

1. 整合性特征

综合性学习的课程目标体现了课程基本理念与总目标的要求，并表现出自身的特点，其核心目标是为了培养学生的语文综合能力与综合素养。综合性学习的目标首先呈现出高度的整合性，教学设计必须凸显"综合"的优势。综合性学习"主要体现为语文知识的综合运用、听说读写能力的整体发展、语文课程与其他课程的沟通、书本学习与实践活动的紧密结合"，目标不仅包括了听、说、读、写几个方面的学习目标，而且体现了知识与能力、过程与方法、情感态度与价值观的综合，三个方面相互渗透，融为一体，且各个学段相互联系，螺旋上升，最终全面达成总目标——语文素养的整体提高。语文综合性学习强调学科知识与相关知识的综合运用,可以这么说,综合性学习的过程是综合运用语文知识和能力的过程,也是相关学科知识和能力迁移运用的过程。

2. 能力多元化特征

综合性学习目标体现了能力多元化特征。综合性学习阶段目标不再仅仅局限于语言能力的培养,而是根据时代要求,拓宽了语文学习能力培养的范围,能力结构呈现多元化趋势。

重视发现问题和解决问题的能力。综合性学习的主要内容之一,就是学生自主地"提出学习和生活中感兴趣的问题,共同讨论,选出研究主题,制订简单的研究计划,从报刊、书籍或其他媒体中获取有关资料,讨论分析问题",并最终解决问题。从问题的发现到问题的解决,综合性学习强调整个过程都是学生(或者在教师指导下)自主完成的过程,是学生不断搜集信息和处理信息的过程。信息的发现与重组就意味着问题的发现与解决。

二、基于语文课程的综合性学习目标的整合策略

(一)明确导向性,整合课程目标

语文教师必须认真领会课程标准,把握课程标准对学生的总体期望,并善于将语文课程标准分解整合,具体化为每一学年、每一单元、每一课时的教学目标。

最关键的问题是教师如何基于课程目标进行分解整合,进而明确评价的目标导向。也就是说,教师设计综合性学习活动之前,首先要明确学生通过学习活动可以获得哪一方面的发展,学生如何证明达到了既定的学习目标,以什么方式呈现这样的学习成果,即明确学习小组和个人应该达到的预期目标及将被用于评估的评分标准。这就能使得学生对学习活动心中有数,从而对学习产生信心。

1. 对应策略

某些课程目标内容可以对应活动设计的目标,以此直接转化为学习目标。

2. 分解策略

某些课程目标的内容可以分解为几个互有联系的单项指标,以此形成具体的学习目标。

3. 组合策略

义务教育语文课程标准分为四个学段,各学段综合性学习的目标要求都不同。

（二）展现梯级性，搭建训练系统

综合性学习的设计应当按照课程标准中设定的综合性学习目标要求，由浅入深地设计学习方案。活动与活动之间应当建立一种联系，保证训练能力要求上的递进性。

（三）突出专题性，保障探究空间

课程目标根据知识和能力、过程和方法、情感态度和价值观三个方面设计，这三个方面要相互渗透，融为一体。不少语文教材的综合性学习设计较注重知识和能力、情感态度和价值观方面因素的渗透，但在过程和方法方面则略显不够。如苏教版语文教材的综合性学习设计在一些语文实践活动中做了一些简要的指导，但是指导的范围也仅限于对开展某一种活动程序的指导，而对于在活动过程中应该注意什么，具体的某一项活动如调查、宣传等可以采用哪几种方法就很少涉及。至于在"专题"中，编者对整个探究活动过程和方法的指导就更少了，只是让学生就一些问题进行探究，而没有引导学生如何探究。因而，综合性学习活动的探究性目标有待加强落实。这类问题的解决就可以求助于专题型的综合性学习。

专题，顾名思义就是以某个内容为线索，进行相关信息的集中搜集、整理、探索研究工作。综合性学习的专题设计，围绕语言、文学、文化三个方面设计，是课内学习的延伸与拓展。设计这样的专题活动，意在引导学生观察语言、文学和中外文化现象，学习从习以为常的事实和过程中发现问题，培养探究意识和探究能力。"专题型"的"专"可以凸显内容的针对性。在主题统摄下所设计的内容都是为了达到专题目标而有针对性地设计的，体系相对系统和完整。其中，立足文本是基础，问题探讨是核心，活动是实现方式。

综合性学习的另一个重要特征就是探究性。综合性学习要和学生的实际生活相联系，引导学生探究解决与学习和生活相关的问题；学习和生活中感兴趣的问题；自己身边的、大家共同关注的问题等。

课程目标根据知识和能力、过程和方法、情感态度和价值观三个维度设计。三个方面相互渗透，融为一体，且各个学段相互联系，螺旋上升，最终全面达成语文素养的整体提高。课程目标对综合性学习的目标界定体现了三维目标的整合。

基于语文课程的综合性学习以学生语文素养和综合能力的协调发展和整体推进为追求目标。综合性学习目标体现了能力多元化特征。

基于语文课程标准的综合性学习，其基本策略是：明确导向性，整合课程目标；围绕语文性，抓住活动基点；展现梯级性，搭建训练系统；突出专题性，保障探究空间。

第二节 基于语文课程的综合性学习的评价

一、综合性学习评价的基本内涵

（一）综合性学习评价的定义

综合性学习的评价是整个综合性学习活动的重要环节，它渗透到综合性学习活动的每一个环节。对学生综合性学习的评价是确保综合性学习顺利进行、提高综合性学习质量的一种重要手段，评价是否恰当直接关系到综合性学习能否沿着正确的方向发展，关系到能否实现综合性学习的课程目标。因此，为确保综合性学习取得良好的预期效果，真正发挥其独特的育人功能，使综合性学习沿着正确的轨道健康运行，必须对其进行科学、合理、全面的评价。

一般来说，评价是指事物价值的判断。综合性学习的价值取向，客观上规定了综合性学习评价的目的与目标，不仅如此，还从宏观上决定了综合性学习评价的性质与价值；规定了综合性学习评价的内容、原则、主体、方法、实施步骤等的基本取向。综上所述，综合性学习评价是在客观描述语文综合性学习活动的基础上，对综合性学习活动满足学生发展需要的程度做出的判断。

综合性学习是一个基于真实语文实践活动的学习过程，相对于其他的语文教学形态而言，有更强的即时性、生成性，并且过程本身就是综合性学习关注的目标，因而综合性学习的评价应当指向每一次综合性学习全过程的整体评价，从任务主题的确定到计划、实施、结果，对这一全过程中，学生规划、监控、调控等宏观驾驭情况的评价。同时，在任务执行的过程中，随时注意观察学生的表现，定期、不定期地对学生表现出的优点予以肯定，问题予以提示。

（二）综合性学习评价的基本要素

综合性学习的评价，应着重考察学生的语文综合运用能力、探究精神与合作态度。主要着眼于学生在综合性学习过程中的表现，如是否能积极参与活动，是否能主动提出问题，还有搜集整理材料、综合运用语文知识探究问题、展示与交流学习成果等方面的情况。评价要尊重和保护学生学习的自主性和积极性，鼓励学生运用多种方法，从不同的角度进行探究。要充分注意学生解决问题的思路和方法。对有新意的思路和表达以及有特点的展示方式，尤其要给予足够的重视。除了教师的评价之外，要多让学生开展自我评价和相互评价。

"综合"和"实践"是把握综合性学习的两个关键词。综合性学习的教学相较于阅读、写作教学而言，有其特别的规定和局限性，尤其在师生教和学的行为方面，其特殊性更为鲜明，因此，综合性、实践性、师生行为是评价综合性学习教学的三个必然视角。

据此，评价综合性学习教学的基本评价要素如下。

1. 活动选题及目标符合学生实际

语文课程标准中关于综合性学习目的的表述为：综合性学习既符合语文教育的传统，又具有现代社会的学习特征，有利于学生在感兴趣的自主活动中全面提高语文素养，有利于培养学生主动探究、团结合作、勇于创新的精神，应该积极提倡；语文课程标准还提出了综合性学习的要求：加强语文课程内部诸多方面的联系，加强与其他课程以及与生活的联系，促进学生语文素养全面协调地发展。据此，语文综合性学习的立足点是全面提高学生的语文素养。另外，语文综合性学习是培养学生主动探究、团结合作、勇于创新精神的重要途径。所以语文综合性学习关于学生评价要以这两点为根本内容。

2. 活动内容和活动方式的综合程度

"综合"特征使得综合性学习的教学评价必须关注活动内容的丰富性和活动内容的恰当性。综合性学习的过程是综合体现语文知识和能力的过程，是相关学科知识和能力迁移运用的过程，同时也是各种学习方式综合运用的过程。但是"综合"不是无止境的，不是越多越好，活动方式的综合程度要依据学生的认知水平和实际能力而定，要依据每次综合学习的具体内容而定。

3. 活动评价要注重活动过程的测评

综合性学习重视学习过程的评价是由其独特的课程形态所决定的。综合性学习的学习过程是由一系列专题活动构成的，每一次专题活动都设置近乎真实的活动氛围，使学生得以在亲自参与探索体验的过程中，收获他们从阅读、写作等传统语文课程形态中所无法获得的感悟和见解。学习结果是我们追求的既定目标，显然不可忽略；学习过程则是我们达成目标的中间环节。综合性学习的实践性较强，从课程形态上看更倾向于活动课，而活动的过程是评价的重点，即综合性学习的评价大部分都是关注学生在具体活动情况中的各项表现以及能力的培养提高，以及语文素养的全面发展、精神品质的生成。

这种评价体制绝不能仅仅关注教育的结果，而应更多关注学生通过怎样的方式方法和途径实现了教育的结果，即学习的过程。相对而言，结果更易于统计、管理、考评，过程则复杂得多，很难用量化考核的方法驾驭。然而，没有过程的内化和积累，语文素养的形成就是一纸空谈，更谈不上能力的培养了。综合性学习课程的活动较多，语文活动就是它的载体。依据课程难以操作。正视综合性学习课程的活动实践性，我们可以找出其中的一些可测易测因素，制定长期跟踪的评价目标，及时针对学生在活动中的表现，定期反馈总结，以便在长期的语文综合性学习课程活动中实现既定的教学目标。

4. 活动性质的语文性定位

基于语文课程的综合性学习的前提是语文性，语文性要在综合性学习的活动中得到体现。

综合性学习一般指以学科综合为基础，不单独强调某一门学科的学习目标和某一门学科的性质。综合性学习不能只限制在语文学科的范围之内，基于语文课程的综合性学习要与其他各学科相融合，不管学习哪一门学科的知识，都必须以语言作为媒介，但却不能认为，任何学科的学习都是语文综合性学习，因为语文综合性学习必须体现浓厚的"语文性"。综合性学习因为加上了"语文"这门学科的限制，所以它的立足点和出发点都与一般综合性学习有所不同。基于语文课程的综合性学习的目的是提高学生的语文素养，当然，其目的不仅仅是为了提高学生的语文素养，还要获得综合性学习活动中的其他相关知识，培养学生自主探究、合作学习、自主创新等优秀品质。通过这样的学习，将语文的学习扩展到学生的生活环境和社会生活之中，这样才能让学生对世界、对生活有更丰富更深刻的认识，培养语文素养之外的素质。

（三）基于语文课程的综合性学习评价的原则

1. 发展性原则

发展性原则是当代教育评价的主要原则，是指评价所要达到的目的不仅仅是教育目的本身，更重要的是为了促进学生的发展，评价应该围绕学生的身心发展展开。

学生评价要围绕学生的发展，为学生的发展服务，这是发展性原则的核心思想。这里的发展是指全体学生的全面发展，是指每个学生有个性地在个体已有水平上的可持续的发展。传统的学习评价模式没有充分认识到学生的这种发展潜能，以静止的、僵化的观点，以学生一时一事的表现轻率地判定其终身的发展，导致学生失去了发展的信心、发展的动力，这是与学生成长规律背道而驰的。

2. 过程性原则

这是指综合性学习评价的内容主要集中于学生在活动过程中的情绪情感、参与程度、投入程度等表现。综合性学习评价不仅关注学生探究成果的质量，更关注学生的参与过程，即学生对认知、思维、情感、态度、方法等方面的体验。综合性学习的课程目标一般不是指向某种知识或能力的达成度，而是提出一些学习的活动及其要求，主要指向"过程"。综合性学习评价应关注学生参与活动的过程和实践体验，重视对过程的评价和在过程中的评价，并且把对学生的评价与对学生的指导紧密结合起来。在综合性学习开展过程中，应采用学生自评或教师的即时评价等措施，使评价贯穿于语文综合性学习的整个过程。

3. 开放性原则

第一，评价目标或内容的开放，即目标具有多元性，不仅有知识、技能目标，也有情感、态度和价值观等目标。

第二，评价主体的开放，即评价主体不仅有教师，还有同学和学生自己。

第三，评价资料的开放，活动记录、论文、展示与交流、口头演说、讨论、作品选、答辩会等都可以作为评价的资料。

第四，评价学生学习成果形式的开放，语文综合性学习特别关注学生在综合性学习过程中所获得的丰富多彩的学习体验和个性化的创造性表现，因为学生对问题的解决方案不同，而且表现他们所学知识的呈现形式也丰富多彩。

第五，评价结果呈现方式的开放，即评价结果的表现形式不只是一个分数或等级，而且加有评语等质性描述形式。

第六，评价结果公开，即评价结果要向被评价者开放，这正是评价发挥作用的一个很重要的方面。

二、基于语文课程的综合性学习的评价策略

（一）综合性学习活动过程的评价操作

1. 评价的准备阶段

首先，要动员全体成员。综合性学习评价的参与者有教师、学生（个人和小组成员）和活动可能涉及的其他社会成员。要使这些人都能较有效地对一次综合性学习做出评价，必须使全体评价者充分认识到自己在评价中的角色和本次综合性学习要完成的任务。因

此，活动开展前，有必要集中全体人员，请教师讲明活动的一些基本要求，同时小组成员要选代表把本组的活动计划和要达到的目标陈述清楚。在此基础上，为了使校外的评价者对综合性学习有明确认识，可以请有经验的教师或专家给他们集中讲授，让他们明确综合性学习是一种以学生活动为主的、以学生问题解决能力的培养为重心的课程形态。接下来要对综合性学习评价项目做说明，使全体人员掌握每个阶段的评价重点，如开始阶段主要考查学生的语言能力和元认知能力，活动中主要考查学生的问题解决能力和方法性知识的运用能力，活动结束后主要考查学生的语言能力、情感态度等非认知因素的发展状况，还有自我反思能力。

其次，确定每次活动的评价工具。评价工具是收集资料的直接依据和手段，是评价有效实施的前提保证。如果没有现成的工具可用，教师要和学生商讨共同设计适用的工具，其中最常用的是评价表。评价表多用表格和项目清单的形式。其中的条目要全面体现课程改革的理念，反映对知识与能力、过程与方法、情感态度与价值观的评价，体现出评价以学生发展为本的特点，如主体的多元性、过程性评价与终结性评价结合。评价表还要突出当次活动主要发展的学生的智能类型、规定评价报告完成的时间和应当达到的标准。教师的评价要掌握全局，发挥一定的指导作用，同时，由于教师不可能跟随学生活动的始终，所以教师运用的评价表要体现一种整体性。

2. 评价的实施过程

（1）学生自评

第一，自我描述法，即学生对自己所开展的综合性学习过程进行描述，并分析得失，做出评判。在语文学习过程中，学生在积累知识、形成能力的同时，还伴随着情感体验和人格建构。学生自己自由地吐露心声，大胆地展示自己独特的个性和活力。比如，针对自己搜集、分析、整理、利用资料的能力这一方面，自己的观察能力怎么样，查找资料的途径是什么；自己整理资料时是否将信息正确归类，是否恰当运用了这些信息；自己对自己查找的信息的评价是否真实，通过对资料的整理能否得出自己的观点；自己是否愿意与他人分享、交流这些信息等。自我描述可以是口头总结，也可以是书面总结报告。

第二，自我记等，即学生对照一定的评价内容标准，就综合性学习过程和成果划分出等级或分数。比如针对语文能力的"写"方面，自己的书写是否整洁规范；用文字展示信息资料或者自己的观点想法是否条理清晰，逻辑性强；语言是否简洁、准确。如果答案都是肯定的，那么就可以给自己评上"优"。

（2）学生间相互评价

语文综合性学习强调合作和交流，其开展的方式是以小组合作探究的形式，小组成员对综合性学习活动的各个环节比较熟悉，了解同学之间的长处和不足，了解小组成员在各个环节的具体表现，甚至对同学间所发生的某些细微内部活动和变化，也有一定程度的了解，所以学生之间的相互评价更具客观性。学生之间相互评价，既促进了小组成员合作学习，也使每个学生看到他人的优势，反思自己的不足，从而拓展评价的空间。此外，学生之间的相互评价，也可以修正教师的评价结论。

学生之间相互评价过程需要创造一种开放的环境，在平等的氛围中展开评价，体现出彼此间的关怀、理解与尊重。创造民主氛围，鼓励大家参与讨论，这样有利于澄清一些不清楚的问题，共同找出答案，有助于大家对评价结果的认同和反思。诚然，学生相互评价必定会带来多种价值观的交织、碰撞，但是同学们正是在这种交织、碰撞中醒悟、领会并最终得出正确的价值判断。教师可以旁听他们的总结评价，需要的时候给予指导。家长、社区人员等参与综合性学习的相关人员，要在活动开展过程中及时进行评价，最好是在学生到校外调查研究结束后就让相关人员评价。

3. 评价结束，整理档案袋

总结、反思活动过程及方法，形成学习成果。将教师的总结性评语、校外情况表现的评价、个人及同学间的相互评价意见总结放入档案袋，通过整理档案袋使学生对整个学习活动有个清楚的认识。

（二）综合性学习考核试题的操作

设计综合性学习试题要考虑下面几个问题。

首先，综合性学习考试必须明确所要考查的核心是什么。综合性学习是在活动中完成的，综合性学习考查的重点是学生在活动过程中的语文能力和语文素养。综合性学习试题的命制应当重视对活动的设计，要考虑活动过程的内容呈现方式，即活动一定要由几部分组成，各部分之间承接要顺畅，要能落实综合性学习基本考点。综合性学习的卷面考试不可能考查学生的合作态度和参与程度，也不可能考查学生搜集信息的能力，但是可以根据提供给学生的材料，考查学生分析信息、发现问题和解决问题的能力，考查学生语文知识和能力的综合运用，进而窥探出学生的探究意识和创新精神，这是综合性学习考试应把握的方向。例如，可以将综合性学习考题调整为"语用题"，考查点应该是学生在实践活动中运用言语形式的能力，更能培养学生透过生活现象分析并解决问题的能力。

其次，综合性学习的突出特征是"综合"性，因而，要考虑试题的综合性，包括语文知识的综合运用、语文能力的综合表现，相关学科知识和能力与语文学科知识、能力的融合沟通。这里的"综合"：一是指思维层面的综合，即认识问题、分析问题、解决问题的综合。具体来说，就是能够从试题提示的活动中产生自己的认识，对活动中产生的问题进行分析，在活动中能够取得自己预期的结果。二是指能力层面的综合，即搜集、处理和交流信息等能力的综合。具体来说，就是能够借助试题提示的活动，考查学生的语文综合能力，主要是评价其发现语文学习问题、分析与解决语文学习问题的能力，具体包括选择语文研究题目的能力、搜集信息和整理资料的信息处理能力、提出独立的语文学习见解或假设的能力、综合运用各学科知识的能力、展示语文学习成果的动手操作能力和语言表达能力、参与活动的程度与合作的交际能力。至于自主、合作等学习方式，在考场的时空范围内只能以学生的自主学习为主。

第七章 新课程背景下学生语言能力的培养

第一节 新课程背景下的高中语文写作教学

一、高中语文写作教学的目的与内容

（一）写作教学的目的

学生如何运用文字来表达思想，以及写作能力，是写作教学的主要目的。

1. 培养写作能力

培养学生的写作能力是写作教学的直接目的。信息社会的飞速发展，逐渐丰富着写作能力的内涵。写作能力主要包括以下两个方面。

（1）专门能力

写作教学中的专门能力主要分为五个方面的能力：第一，要能根据要求，理解题意并打开写作思路以及防止离题偏题的审题能力；第二，在确定中心或主题之后能选择材料和组织材料的立意选材能力，具体表现为迅速定向信息、获取信息、分析信息和加工信息；第三，在中心主题确立后能解决材料安排的条理、次序、详略等问题的谋篇布局能力；第四，能用书面语言准确、生动、鲜明表达思想的语言表达能力；第五，能对文章进行修改润色的修改文章能力。

（2）基本能力

写作教学中的基本能力主要分为四个方面的能力：一是观察力，即善于观察社会和生活中的事物特征、积累写作素材的能力；二是思考力，即通过写作思维方法进行审题立意，确立文章的题材和体裁以及明确写作中心后选材和组材的能力；三是想象力，即在已有的材料和思路上进行创造、拓展的能力；四是联想力，即由眼前已感知到的事物联想到与其相关的其他事物，使文章立意更加丰富新颖的能力。

2. 促进健康人格的形成

人格是指一个人具有一定倾向性的心理特征的总和，主要包括动机、兴趣、理想、信念以及行为方式等。学生在写作中对事物的认识和感受会在一定程度上反映出学生的信仰、观念、态度和思想感情。因此，学生思想品德、意志信念、审美情操和习惯态度都会受到写作的潜移默化的影响。因此，教师在指导学生写作中应教育学生做一个说真话、实话、心里话、言行一致的人。

（二）高中写作教学的内容

1. 写作知识

写作能力的形成和发展离不开写作知识，学生对写作知识的掌握很大程度上影响着学生的写作能力，主要表现在四个方面：一是语言表达。从手段来看，作文可以分为口头作文和书面作文两部分。首先涉及的是音、字、词、句的知识，它们是构成文章的基本单位。因此，教师可以在阅读教学中实际讲授炼字、选词、造句的知识，指导学生认识和掌握不同句式、句型的特点，这样做有助于学生在文章中表达复杂的思想感情。二是内容表达。从内容表达上看，文章需要遵从各类文章约定俗成的表达体例、模式和各种表达手段来增加文章的文体感。教师需要指导学生了解记叙、说明、议论等文体知识，以及叙述、描写、议论、说明、抒情等表达方式的知识。三是文章组织。从形式上看，教师应教给学生逻辑方面的知识，帮助学生解决写文章时要运用逻辑思维来安排文章结构及段落层次的问题。四是作文过程。从实践过程上看，写作前要有准备地深入观察、认识了解生活和事物，需要调查研究和博览群书，从中摄取写作材料；写作过程中要审题、选材、组材、修改，最后成文。

2. 写作方法

教师在进行高中写作教学时，要指导学生通过实践掌握一些基本的方法。

（1）记叙

记叙的主要方法有略写、详写、顺叙、倒叙、插叙。主要用于叙述描写中的议论与抒情。

（2）描写

主要包括对人物形象描写、环境勾勒与具体景物描写、正面描写和侧面描写，以及抓住特点进行描写。

（3）抒情

指在描写、叙事、论理中抒情。

（4）说明

指对举例、分类、比较、引用、运用数字、下定义、设计图表等的解说与阐释。

（5）议论

主要分为正反、并列、反驳、层递四种论证方法。

（6）构思

构思的主要方法有对比、抑扬、衬托、照应、象征和铺陈等。

3. 写作心理

如果一个学生对作文不感兴趣，甚至惧怕作文，那他自然也写不好作文。因此，良好的写作心理在写作教学中占有重要地位。学生在写作活动中所表现出来的心理特征被称为写作心理，主要从以下几个方面培养学生良好的写作心理。

（1）引导学生善于观察积累

生活中并不缺少美，但学生缺少发现美的"眼睛"。因此，教师应引导学生留心观察，勤于思考和积累，这样做有助于提高学生对社会生活的理解和感受能力。学生对事物越强烈的理解和感受，越能引发其写作欲望；对事物的理解和感受越深刻，学生写出的东西就越生动逼真、刻骨铭心。

（2）培养学生的写作兴趣

兴趣是最好的教师。教师应鼓励学生对自我正确地认识、积极地塑造和大胆地表现。有人说："有时一两句鼓励的批语，胜过一大堆指指点点。"因此，对一些缺乏写作兴趣的学生，教师要积极肯定其作文的长处，增强其自信心，减少其对写作的抵触感，慢慢培养其对写作的兴趣。

（3）帮助学生坚定意志信念

教师应帮助学生集中写作注意力，不轻易被外界干扰，遇到困难不退缩并能积极、主动地寻求解决的办法。

（4）培养学生的创新性思维

创造性思维和想象在写作中占有重要地位，因此，教师应鼓励学生敢于创造并做到有创意的表达。这样做有助于丰富文章内容、拓宽写作思路、使文章结构更加完整。

二、高中语文写作教学设计的理念

（一）激发学生兴趣

教学艺术的本质不在于传授，而在于激发、唤醒和鼓舞。与其生硬地推动学生向前走，不如唤起学生兴趣。兴趣是最大的内驱力，唤起学生的兴趣，要遵循以下两个原则。

1. 作文训练要循序渐进、由易到难

教师应先让学生把一件简单的事情说清，正所谓"贪多嚼不烂"。如果连一个简单的片段描写都无法搞定，就更别提要写出一篇精彩的文章。教师要从小处着眼，让学生从片段描写着手，人物也好，场景也罢，接下来再使学生扩展到记叙文全篇的写作。对于基础差的学生教师要鼓励他们进行模仿，并在适当的时机加以引导。

2. 培养学生的自信心

学生有自我实现的需求。教师应努力去发掘学生作品中每一个细小的优点，并给予表扬，哪怕是一句话、一个词，长期坚持，学生的自信心就会得到提升。教师要用权威的点评、热切的希望，温暖学生的心灵，真正地为学生的成功与进步，奉献出自己最真诚的赞美。

（二）强化阅读

教师可以通过两种方法强化学生阅读。一是引导学生重视课内阅读。教师要引导学生从课文中寻找训练的切入点，可以选择以课文留白为切入点、以情节想象为切入点或以语言的表达为切入点、以文中的哲理语句为切入点，让课内练笔成为一种常态化的行为。二是鼓励学生拓展课外阅读。

（三）鼓励学生观察生活、关注社会

生活是一切文学创作的源头活水，包罗万象。看似单调、重复的学生生活，却也有着各种可以成为文学创作素材的东西。做一个生活的有心人，不仅要关注身边的人、事、物，还要把眼光放出去，关注时代、社会、家国、民生。教师应引导学生从"小我"走向"大我"，从"当下"走向"历史"，从"只读圣贤书"的小情怀走向"忧国忧民"的大境界。像食品安全、节能环保、和平发展等人类普遍话题，都是非常好的作文素材。教师一定要让学生成为一个拥有生命激情和思维深度的人。

(四) 培育思维

教育的基本作用，在于保证人人享有为充分发挥自己才能和掌握自己命运而需要的思想、判断、感情和想象方面的自由。人既有内部语言，即思维；又有外部语言，即人们写出来的字或说出来的话。内部语言决定外部语言，有了缜密的思维，才能有畅快的写作。因此，教师需要培育学生的思维。

1. 发展学生的多样性思维

现在的学生写作具有一些套路，如三步作文法、万能作文法、七步定乾坤法等。就像英语作文，基本句式是固定的，学生写的时候根据题目，改一下键词就成了。这种模式化的写作方式将鲜活灵动的作文固化了，将学生的思维牢牢束缚住了。语文教学承担着培育学生思维的重任，而写作教学又是训练学生思维很好的平台。所以，教师一定要解放学生的思想，不要给他们太多的限制，这样才能让他们言由心生，说自己真正想说的话；不要用公共话语、假大空的套话来代替学生的真切体验。

2. 不以主题论好坏

教师经常会说学生的作文立意不高，不要一说到作文就拿立意说话。我国提倡学生在文章中抒写光明的、进步的、爱国的、高贵品质的内容，但并不等于除此以外写别的就不行。学生对人生的思考，他们的青春、懵懂、躁动、迷茫与困惑都是很好的作文主题。

3. 要力求学生表达自己独特感受和真切的体验

现在学生的作文大多是"套板反应"，充分显示了学生阅读面的狭窄、存储量的浅薄，也体现了学生人生价值的缺失与迷茫，作文是学生的精神家园，是他们人生成长的记录。有人说，学生第一次堂而皇之地说谎是从写作文开始的。学生不应认为写作文就是简单的文字呈现，作文应能让学生用整个心灵去拥抱生活，作文是学生的情感载体、精神家园。

今天我国提倡的是"生命作文"，敞开心扉，忠于自我；让灵魂到场，用生命写作。所谓生命作文，就要表达生命的真实感觉，用整个生命去写作，是真性情的表露、流淌。爱是需要表达的，语言可以升华人的情感。面对着学生倾泻而出的真性情，教师也应该付出真心与真情。

(五) 重视评价，尊重学生

教师在评价学生的作文之前，一定要有这样的意识：一页单薄的纸上闪现的文字，不仅是文字本身，这背后是一颗颗细腻活泼的心灵，教师一定要把批阅作文的过程当作与学生隐性对话的过程，灵魂交流的过程。有的时候，学生写出来的内容可能比较偏激，比较自我，比较浅薄，然而那却是他们自己灵性的抒发，是他们思想的体现，教师应该给予及时而合理的纠正，前提是对学生的文字持有一份真诚的尊重。通过文字走入学生丰富而充满想象的青春世界，是这个职业赋予教师的权利。

三、高中语文写作教学的过程指导设计

（一）命题

写作教学的首要部分便是命题，它直接影响着学生的写作兴趣，也关乎作文的成败。教师在命题时，要考虑学生对材料中的关键词语是否能正确地理解，能否从材料中找到这个关键词并确立文章的主旨；如果不能，又应该做怎样的指导。另外，教师还要注意命题与现实生活的联系，不仅仅要复述材料、拓展材料的内容，而且要从材料的意蕴出发，使学生能够研究解决现实生活中的问题，提出自己的观点和看法。

教师要教会学生掌握命题作文审题方法。审题要做到"不漏、不改、不误"。"不漏"指全面审题，不遗漏任何要求；"不改"指准确审题，不随意改变题目要求；"不误"指正确审题，不误解题目要求。审题的具体做法包括以下几点。审清作文题目中的限制内容。限制内容主要有时间、地点、对象、内容、数量、性质、程度、范围等。审清作文题目中的关键词，抓住关键词，确立文章的写作表意重心，确定写作方向。审清提示语，提示语对题目或作解释说明，或作补充介绍，或作扩展延伸，具有方向性与暗示性的特点。教师应帮助学生理解题目，打开思路，写出切合题意的作文。

教师要教会学生掌握命题作文的"凤头"的技巧，包括开门见山、文采增色、巧妙发问、首尾呼应、彰显主旨、引用经典、形象寓理；另外，还要教会学生掌握命题作文的"豹尾"的技巧，包括自然收束法、首尾照应法、卒章显志法、抒发情感法、呼唤号召法、巧发疑问法、景物烘托法、耐人寻味法。

（二）作文指导

作文指导是继作文命题后又一个重要的环节。作文教学过程需要教师发挥指导作用，在什么时间、什么地点发挥作用，指导到什么程度，需要教师根据学生的实际情况、作文命题的具体要求来安排。写作指导在无形中是对学生技能的一种训练，是对学生写作能力的一种培养。

1. 审题立意

立意构思是写好作文的一个关键性因素。在写作指导中，教师要帮助学生分析问题包含的基本义、引申义。只有准确理解文题含义，才能把握写作要旨。

2. 选材

选材的意义是深化写作意图和充实写作内容。选材的过程是赋予文章内容的过程。选材的原则是要围绕写作意图选择典型、新颖和生动的材料。

3. 布局谋篇

学生要写出布局合理的文章需要做到以下几点。

第一，完整性。部分与部分、部分与整体之间有着内在联系，它们的外部形式又是统一的，相互间不能彼此孤立。构成文章的各个局部应服从主旨表达的需要，学生要以线索、逻辑、时空或主旨来组合各部分材料，相互协调以构成完美的整体。

第二，严密性。文章要具有思考与表述的连续性和逻辑性，学生在写作过程中要注意文脉畅通，以及句子与句子之间语意上的连贯，做到前后呼应、上下连贯。

第三，层次性。学生在写作中要有条不紊地构筑文章，要按一定顺序写，如先写什么，后写什么，怎样开头、结尾或者怎样过渡，如何照应，意义段的起、承、转、合等都要求有清晰合理的层次安排。小到复句、大到意义段都存在内部和外部的次序与步骤。

第四，灵活性。灵活性是指文章结构要富于变化，灵活巧妙。

4. 表达方式

文章有很多种表达方式。表达方式能构成许许多多不同类型的文章，灵活运用表达方式，才能让这些表达方式发挥效果，使文章写得更好。

5. 指导学生修改作文

作文修改的内容一般包括语言文字、标点符号、主题题材、结构布局、逻辑修辞等几个方面。

第一，修改语言文字。学生写作时注意力主要放在作文的内容上，因此，难免疏忽了书面表达，文中出现错别字、漏字、用词不当、搭配不当、语序不当、不合事理、重复累赘、成分残缺等问题。要解决语言文字的毛病，就要注重语言文字的规范性。

第二，修改标点符号。标点符号是一种特殊的文字，是文章重要的组成部分。标点符号停顿的位置影响着句子的表意。

第三，修改主题题材。主题是文章的灵魂，是作者通过文章的具体内容表达的基本思想，即文章的中心思想。

第四，修改结构布局。要写一篇作文首先要审清题目，根据要求确定主题并围绕中心思想选好材料，就是对文章的构思布局。作文结构布局的修改主要应从段落层次、主次详略、过渡照应、开头结尾等方面来考虑。高中学生一定要从宏观出发，整体把握，关键要看材料和顺序安排是否合理。

第五，修改逻辑修辞。作文中常见的逻辑毛病主要有自相矛盾、前后不连贯、语意有歧义。作文中修辞格运用方面的问题主要有比喻不当、夸张过度、借代不妥、拟人失误。

（三）作文批改

1. 作文批改方式

传统的作文批改方式主要是教师批改。随着新课改的推进，学生主体地位的提高，教师也越来越注意发挥学生的主体能动性。现阶段的作文课上有很多作文批改的方式，常见的批改方式如下。

（1）集体批改

每次作文写作结束之后，教师都要从班级中选取有代表性的学生习作，在全班公开讲评批改。被选出来的作文一定要具有代表性，既不是特别好的范文，又不是问题较多的文章。选择出来的文章应该有比较突出的优点，供全班同学学习，也应该有大家普遍存在的问题，让其他同学引以为戒。集体一次性能够批改的作文量较少，可以做到精批、细改，全班同学都可以发表看法，各抒己见。教师要在批改之前和被批改的学生做好沟通，经得作者的同意，以免触犯学生的隐私和造成不必要的尴尬。

（2）小组批改

这种方式可以一次性批改较多的作文量，同学之间可以讨论和对作文发表自己的看法，并且可以了解其他同学的写作水平，便于同学直接互相学习，相互影响，共同提高。

（3）学生互改

两个同学之间互相批改，写自己的，批改别人的，效率最高。但在实际运用中，该批改方式往往达不到应有的批改效果。因为，批改需要较高的写作能力，有一些水平相对较弱的同学很难把握其他同学的作文水平，批改水平堪忧。

(4) 自我批改

教师在让学生自我批改之前可以提出比较有建设性的意见，例如：画出作文中做假的地方，换成真实的内容；把作文中可有可无的话删掉；把大家都可以写出来的话，比较俗气的部分换成新颖的表达方式；把题目换成更有深意的等等。让学生自我修改是一个好的方法，很多好作文是改出来的。教师让学生批改之后，要让学生学会总结，如果一个学生学会了自己批改文章，那他的写作水平一定会提高一个层次。

(5) 当堂口头批改

指定一个学生在全班朗读自己的作文，师生边听边记优缺点，待到朗读的同学读完后，其他同学评价其优劣，并提出修改意见。这种做法的优点有：省时省事，简便易行，一节课可以批改多篇作文；既锻炼了学生的听力、注意力和思维敏捷性，也锻炼了其口语表达能力；同学在听的过程中还可以做到取人之长，补己之短。这种做法的缺点有：因为作者读的过程比较快，所以教师和其他学生很难听得很细致具体，大家所提出的意见是不是都合理，还需要进一步斟酌。

2. 作文批改建议

作文批改应以培养学生的修改作文能力为目的，尽量综合各种修改作文方式的优点，具体建议如下。

(1) 读改结合

阅读教学是培养学生作文修改能力最有效的途径。教师应当引导学生通过学习教材中的文章，细细揣摩作者的构思和语句，指导学生有目的地了解作者遣词造句、谋篇布局的方法并加以运用，从而提高学生的语感和修改作文的能力。

(2) 采取科学的双边批改的方式

批和改是相互联系、相辅相成的，批是改的基础，改是批的目的。教师需要理解并合理处理批和改的关系，而不能一人包揽所有的批改工作，使学生丧失改的能力。

首先，由教师来批，学生来改。在作文批改中需要把批和改分离开来。为防止学生拿到作文后，不看、不在意分数或评语，教师可以在对学生的作文进行书面批阅的过程中，对需要修改的地方做上符号或加以眉批，并引导学生自己进行修改。其次，教师和学生也可以面批面改。面批是教师在书面批阅的基础上，面对面地对学生进行指导，让学生一边读一边对标出的错误发表自己的修改意见，由教师帮助分析并指导修改，为培养学生修改作文打下基础。

(3) 注意及时性

学生写作是自己想法的创造性表达，作文评价结果是学生急于想知道的。因此，教师应把结果及时反馈给学生。如果拖延太长时间，学生会淡忘写作的内容与要求，不利于教师的评讲，达不到预期的效果。

（4）紧扣训练内容、有针对性地批改

作者应把写作系统化，使其成为一个连贯的整体。因此，作者在作文批改中要根据训练要求，按照标准，有针对性地批改。

（5）激励性

作文批改要以激励为主，应避免打击学生积极性的评语及做法。作文的确有优、良、中、差之分，但作文批改不能影响学生写作的态度，使其抗拒甚至厌恶作文。只有多鼓励，多调动学生的积极性，只有学生愿意动脑筋写，才能作出好文章。

（6）批为主、改为辅

批主要是指对文章思想内容、结构等的批注，启发性的批注有助于学生自己发现问题。而改则是指对字、词、句等的修改。教师在作文批改过程中，应多批少改，保持原文，不能脱离学生的思想实际而把作文改得面目全非。

第二节　新课程背景下的高中语文口语交际教学

一、高中语文口语交际教学的意义与任务

（一）高中口语交际训练的意义

1. 从高中学生的年龄阶段来看

高中学生内在知识的积累要多得多，且这个时期的学生在心理及个人情感特征方面渐渐变得丰富，他们拥有了自己的看法与见解，想要展现自我，证明自己已经长大，对遇到的事情想积极发表自己的见解。这一时期的学生性格尚未完全定型，其内心与想法依然比较天真，所以在说话和交际方面没有成人那种复杂的心理障碍；这一时期的学生正属于身体各器官迅猛生长时期，但在思想上比较单纯，还没有完全成熟，所以，对这个时期的学生进行口语交际中问题的纠正相对是比较容易的。因此，在这一时期抓紧学生的口语交际规范训练，有助于学生学会如何正确与人进行交流，进而实现自我价值，且这对学生未来的发展也具有极其重要的影响。

2. 从学生发展的角度来看

当今是一个知识大爆炸的时代，同时也是经济快速发展的时代，处于这样一个时代中，激烈的竞争是必不可免的，因此，进行口语交际训练是生存与发展的需要。在日常生活和学习中，人们随时都需要与他人进行沟通，在沟通的过程中，听与说是极其频繁的。口语交际能力的培养在国外一直备受瞩目，且国外一直把"讲演"作为一个重要的学问来看待。

当今人类社会又发展到了高社交化、高效率化、高信息化的时代，不管是交际中的人情往来，还是学习中的讲授诵读，都与语言有着密切的联系。高中学生正在面临现代化社会生活的严峻挑战，如果语文教学忽视了学生口语交际能力的培养，那么，学生就会成为现代社会交往中的聋人和哑巴，成为不会与人沟通、不能与人合作的人。

3. 从开发智力的角度来看

听与说是口语交际中的两种基本活动，但其都是十分复杂的生理活动过程，同时也是一个十分紧张的心理过程。简而言之，听者通过听觉分析器接收声音信息，又由于每个人的生活背景习惯不同，导致性格出现差异，从而需要通过自身特有的思维进行加工理解，因此，有必要将说话者的外部语言快速翻译成自己的内部语言，只有这样才能实现听知；然而，听的活动是瞬间的，这就要求听话者要有快速的语言编码能力、准确使用概念的能力以及严密的判断推理能力和丰富的想象力等。

（二）高中口语交际训练的任务

1. 口语交际态度和习惯的培养

（1）听话者方面

①明宗旨

在听别人讲话时，听话者想要抓住对方要表达的主旨，就需要全神贯注。在听话的过程中，对于不能及时明白的地方，听话者需要仔细琢磨其重要的话语，在此基础上，还要对之进行反复思考，从而将说话者所表达的关键词语和句子进行快速捕捉且得到精准的信息。所以听话者要养成注意听、仔细想的良好习惯，只有这样才算是具备了听的一般能力。

②辨是非

在聊天过程中，应尽可能保持冷静状态，在此基础上还要多动脑。每个人的想法都不尽相同，在聊天过程中会发生很多突发事件，特别是在随意交谈时，双方因交流模糊导致一些误解，若听话者在此时头脑不够冷静，很有可能会感情用事，就会出现以讹传讹的现象，以及是非不分的情况。为此，听话者要边听边过滤信息，动脑辨别真假、善恶、美丑。养成了这种明辨是非的习惯，听话者认识能力就能有所提高。

(2) 说话者方面

①大胆地说、说真话

说话者无论在什么场合，其言谈的内容都要从实际出发，做到实事求是。说话真实是做人最基本的道德，说话者不能为了某种目的去说违背事实、违心的话，在未弄清楚一件事的情况下，不要去断章取义或信口开河讲些与事实不相符的话。

②连贯地说、有中心

有些人进行口语表述时，没有重点，长篇大论，使听话者感到其不知所云。教师应培养学生在说话前，先想好要说什么，先说什么，后说怎么，怎么说好等习惯，这样说起话来才会有条有理、中心突出、层次分明。教师还应教给学生咬字以及发音的方法，使学生在进行口语表述过程中吐字清晰。

③说话要积极、应自信

引导学生克服心理障碍。由于高中学生处于特殊时期，其身体和心理都发生了较大的变化，处在这一时期的学生，拥有了自己的想法，他们的自尊心都比较强，他们对别人如何看待自己这个问题比较敏感。以至大部分人不愿意在公众场合说话，担心说得不好别人是否会嘲笑自己，或是说多了给人造成爱出风头的感觉等，因此，干脆不说。教师应引导学生克服这些心理方面的障碍，使学生积极地、主动地、自信地表达自己的想法。

④得体地说、看对象

说话者不可能只对一个听话者进行诉说，因此，由于场合的不同，说话者面对的听话者也是不同的。说话者在进行表述时，应时刻注意自己的态度、语气、用词等是否符合当时的人物需求以及人物心理。教师在进行口语授课时，要注意培养学生分析环境、区别说话对象的习惯，使学生力求说话得体、讲究分寸、讲求效果。

⑤谦虚好学、勤于反思

说话者要善于发现别人说话时的各种长处，使自己的说话水平不断得到提高。在说话过程中或是在说话之后，说话者要及时对自己刚才所表述的状态及内容进行分析，看看自己在说话过程中有没有出现什么问题，并及时纠正这些问题，从而提高自己的说话能力。

2. 口语交际技巧的训练

(1) 听话者"听"的技巧训练

①训练听知注意力

A. 训练注意的稳定性。这里所说的注意稳定性指的是在与人进行交流时，听话者要长时间保持注意倾听对方说话的状态。

B. 训练注意的分配。在听他人说话的过程中，听话者是会对一些词语进行联想或思考的，这就需要听话者注意应在什么情况下进行联想或思考。

②训练听知记忆力

在进行听知训练时，听话者要注意将说话者所说内容中的有效信息进行提取，这是在整个谈话过程中的重中之重。

③训练听知理解力

听知理解力主要指听话者能快速理解说话者的意思。要做到这一点，就需要听话者能把握说话者说话的要点，将说话者所说的内容进行快速概括，再领悟其本意，在领悟过程中要能听出说话者的弦外之音。

④训练听知筛选力

在听话的过程中，听话者要有筛选真实信息的能力，简单来说，部分人在进行表述中会出现开玩笑，或是夸大其词的情况，这时，就需要听话者具有能够辨别真伪的筛选能力。还有一些人在进行表述时，通常会用很多话来表述一个意思，这就需要听话者对有用信息进行筛查，听知筛选力是衡量听知能力高低的一个重要因素。

(2) 说话者"说"的技巧训练

①训练内部语言组织技巧

人们在说话前，需要在头脑中想一下所要表述的内容，例如，想说什么；要怎么说；先说什么内容对方能在最短的时间内听明白。要想把话说得条理清晰、连贯，就需要这样先想后说，抑或是一边说一边想，但说话的语速要尽量放慢些。刚刚说的"想"指的是内部语言，它产生于大脑神经中枢，所有的信息都要经过它的筛选、分析、综合、推理、联想。因此，内部语言组织技巧的训练实际上是思维能力的训练。

②训练运用语言表情达意的技巧

语音在语言表达的过程中起着至关重要的作用。如果在表达过程中出现发音不准、吐字不清、语调平平、语速过快、声音过小或过大等情况，就会影响到说话者表情达意的效果，使听话者听不清、听不懂或是听不见等。这就要求学生在说话的过程中，要坚持说普通话，发音要准确，吐字要清晰，声音要铿锵有力。教师在进行教学中，也应教学生一些科学发音知识，使其懂得一些气息控制和调整的知识等。

③语音控制能力的提高

在进行口语交际时，说话者应尽可能控制语音，避免出现心口不一的情况。与此同时，说话者在不同场合要注意说话时的语言节奏，对音高、音强、音长、音色等都要有较强的控制能力。

二、高中语文口语交际教学的基本类型

（一）独白型口语交际教学

1. 独白型口语交际教学的意义

口语交际是人的心理活动在外部的一种表现，或者可以说是指说话者将自己的心理活动用外在的言语进行相应地表达。只有具备缜密的思维品质，才可以拥有良好的语言表达能力。独白型口语交际教学，不仅仅是锻炼学生的语言能力，而且还锻炼了学生的思维能力，其注重的是双重发展。

2. 独白型口语交际教学的内容

独白型口语交际是一种言语活动，是独白者将自己内在的思维活动，通过言语进行连贯且较长的表述的过程。在这个过程中，独白者一般不会与听众进行直接的语言交流，听众需要用表情等间接事物进行相应的回应。

3. 独白型口语交际的训练要领

（1）主题的确定

在进行口语交际时，人们首先要有主题，才能使口语交际得以进行，也就是说，主题是进行口语交际的动机。人们根据确定的主题，进行相应内容的表达。如果独白者没有主题就进行口语交际，会使听话者产生头绪混乱的感觉，对其所表述的内容理解产生一定偏差。

（2）对象的确认

在进行独白型口语交际教学时，教师应使学生对交际对象进行了解，由于学生面对表述的人的年龄不同、性格不同、职业不同等，导致学生在表述时所使用的方法方式也不尽相同。因此，学生要选用适宜的方式进行独白，以免产生不良后果。

（3）表达的有效性

只有将要表述的内容流畅、生动、正确地进行表达，使听话者能够快速明白独白者想

表达的意思，才算是有效表达。

（二）对话型口语交际教学

1. 训练"听"的能力

学生想要开口说话，会说话，就需要在日常生活和学习中进行不断地积累，先学会听，听多了，知识积累到了一定程度，便知晓该如何进行表述了。在这个漫长过程中，教师可以让学生听一些简单的新闻录音，然后各自提取自己听到的信息内容，或是运用更多有趣的方式，使学生从中获取相关信息，进而提高学生说与听的能力。

2. 理解"听"的内容

听话者只做到倾听是远远不够的，听的主要任务是明白说话者所要表述的主题。要理解其本质意思，只有明白其所表述的意思才能做出相关回应，从而完成一个完整的口语交际过程。

3. 鉴赏"听"的结果

鉴赏是在理解的基础上进行的。高中生已经具备了鉴赏的能力。在教学的过程中，教师可以通过利用身边资源，比如交流视频或是辩论实录等，先让学生进行欣赏，在此之后再让学生自由发言，积极主动发表自己的见解，各自说说自己觉得其中哪些对话说得妙，妙在哪里，从而学会积累一些经典的对话，并能灵活运用于日常生活中。"听"的动作之后便是"说"，也就是表达。表达要有条理，语气、语调应适当，学生应学习文明得体地交流。

（三）表演型口语交际教学

1. 表演型口语交际教学要注重实践

表演型口语交际教学切不可脱离了学生的学习、生活实际。口语交际教学教给学生的本应就是生活中实用的交际方法，因此，教学设计也必须贴合学生的学习和生活状态，同时要兼顾学生的学习阶段，针对不同年级的学生设计不同的教学方式。但总体而言，表演型口语交际教学应该从生活中来，到生活中去。从学生中来，到学生中去；选择学生熟悉的、感兴趣的、对学生有教育作用的内容进行表演型口语交际教学，使表演能切实地开展。

设计表演活动还应当遵循循序渐进的原则。教师应根据高中学生的年龄特点和学习规律，依照各学段口语交际目标要求，设计的表演应当难易适度，能为学生所接受。课本剧的表演能够丰富学生的课余生活，激发学生学习语文的兴趣，更能够训练学生的口语交际能力。

2. 表演型口语交际教学要关注学生的个性

表演型口语交际需要适当结合表演与口语交际。表演源于生活，高于生活。教师要注意每个学生的个性特征。表演型口语交际是挖掘学生在学习以外的闪光点的一个重要途径，也是学生在进行口语交际学习中的动力之一。教师要想在表演型口语交际教学中关注学生的个性，就要做到以下三点。

（1）观察学生在课堂上的表演

教师可以通过学生的表演型口语交际更深入地了解学生，看看学生的另一面。

（2）发现学生的兴趣和特长所在

教师可以通过学生的表演型口语交际来探知学生的兴趣爱好以及特长所在。在得知学生兴趣与特长所在之后，教师可以在今后口语教学设计方面进行相应准备，使学生更加喜欢口语交际课。

（3）呈现多元化口语交际课堂方式

教师在备课时，要对授课方式进行深入研究，授课方式绝对不是单一的，尤其是表演型口语交际教学，其教学方式更为多元化，比如班级辩论赛、班级演讲、课堂即兴的课文分角色表演等。

三、高中语文口语交际教学的准则及策略

（一）口语交际教学准则

1. 系统性准则

教师在进行口语教学的过程中，应遵循系统性准则。尤其是在进行口语训练时，教师应考虑学生的年龄等各方面特征，以及学生所处阶段的认知特点，用循序渐进的方式，由简单到复杂，由分步到综合，来进行成梯度渐进的训练。

2. 综合性准则

口语交际不单单指会开口说，它的内容与方式需要综合化，不能孤立进行。

(1) 加强听说读写的联系

①具备良好的听的能力，可以在第一时间进行知识的摄取，从而积累说话时所需的材料，也可使听话者更加明确说话者所传达的意思，使口语表达更加准确、丰富。

②具备良好的读的能力，不仅可以使人们说话表达的内容材料得到积累，而且可以在进行语言表达时，使自己所表达的语法等更加规范化。

③书写能够对人们说话时常出现的问题进行良好矫正，从而提高说话质量，使听话者能马上明白其想要表达的内容。

在进行口语交际教学时，教师应明确听、说、读、写的内容是紧密联系的，是不可分割且又相互促进的。

(2) 加强口语训练与观察、思维、想象训练的联系

口语训练、观察、思维、想象之间是存在着某种联系的。学生识字后，就会获取大量的信息，也可以理解听到的信息的意思。提高对周围事物的观察能力，学生就可以拥有庞大的知识储备，在此基础上进行思维逻辑的整合，再加上适当的想象，就能了解事物的具体特点和事物之间的诸多联系，把内容说完整、说具体、说准确。与此同时，丰富的想象不仅使学生有话可说，而且能把内容说得生动有趣。

3. 互动性准则

互动是实现交际目标的前提和条件，在口语交际教学中，教师应加强对学生互动意识的培养。口语交际是交际双方进行信息发出与接收的过程，是需要面对面来进行的一种信息交流活动，也是一种动态变化的活动。交际期间，说话者要根据听话者的情绪反馈，进行语气、语调或是讲话内容的调整，与此同时，听话者又需要根据说话者的表述进行相应的对答。在畅通的信息渠道中，说话者和听话者相互促进双方的表达以完成交际任务。因而，口语交际教学不仅仅是简单地交给学生听或说的技巧，更要在言语实践中培养学生的互动能力。

4. 情境性准则

任何口语交际要畅通、完美，除了凭借正确的口头语言和体态语言之外，交际双方还必须注意交际情景，即语境。所谓语境是指交际的环境时间和空间，以及话语的上下文。社交语言总是处在特定的语境中，正因如此，人们在口语交际过程中能够比较轻松地确定那些多义性语句的所指，能够在口语交际过程中感受到生动、逼真的情境。情境性口语交际的训练，不仅能够调动学生内在真实的情感体验，而且可以激发他们的强烈

表达欲望。

（二）口语交际教学策略

1. 确立话题策略

在学生进行口语交际之前，教师应先选择好适宜话题。话题的确立应是多元的、开放性的、贴近生活的，教师要选择让学生有话可说的话题，并以话题为纽带，使学生在真实情境中把交际双方紧密联系到一起，在无形中锻炼学生的倾听力、表达力以及交际能力。这样可以使学生的人际交往素养得到提高，这是口语交际的根本目标，也是口语交际教学的一个重要策略。

2. 情境设置策略

口语交际教学不同于一般的阅读与写作教学，在训练的过程中是需要创设情境、营造氛围的，这样有助于学生的学习，使学生能具有现场感与对象感，也只有这样，学生才能锻炼其口语能力和听知能力，因此，要让学生无拘无束、自然而然地进行口语交流就必须创设一个民主和谐的、接近生活实际的交际情境，使学生思想上暂时忘却自己所置身的课堂，步入教学指向的交际情境中，使学生的学习积极性得以释放，这样才能调动学生内在真实的情感体验，激发他们强烈的表达欲望，发展他们的个性和创造性思维，达到口语交际训练的要求。

关于情境的创设，其方式是多种多样的。教师可联系学生的日常生活和经验，创设多元化且符合学生生活实际的情境，来发展学生生活感知能力和口语交际能力。教师也可根据时代的主题和社会生活中的突发事件或不良现象，与时俱进地创设社会生活情境，让学生在这些社会生活情境中进行口语交际。这不仅可以提高学生口语交际的能力，而且还能培养学生健康的情感、正确的价值观和崇高的人生态度。教师还可利用音像、图片等各种媒介营造真实自然的交际情境。

3. 多元互动策略

参与交际的人，不仅要认真倾听，听懂对方的交流信息，抓住对方交流信息的要点，而且还要适时接话，表达自己的意见和想法。口语交际是听与说双方的互动过程，是语言信息往来交互的过程，口语交际过程中的语言信息呈双向或多向互动传递状态。

4. 示范指导策略

所谓教师的示范作用，就是要求学生做到的，教师大体上都能先做到，而且做得更好。在口语交际训练中，教师的示范极为重要。无数事例说明，学生总是以教师的表达为范式。就说话而言，教师生动，学生也追求生动；教师雄辩，学生也追求雄辩。教师说话中的许多特点和习惯，在潜移默化中都会对学生产生影响。为了学生，教师必须坚持不懈，努力提高自己的口语交际能力。教师在听话方面应当准确、敏锐，善于领悟和辨析。在课堂教学中，教师应准确地捕捉学生的长处和短处，善于在细微处发现问题，使学生真切感受到教师敏锐的语感。教师的教学语言应当准确、简练、畅达。教师应注意将指导落实到实践当中。

5. 评价反馈策略

教师应对学生及时进行语文口语交际教学的评价反馈。在进行评价反馈的过程中，教师可以对学生的学习情况深入了解，并根据了解到的情况进行教学策略调整，而且可以让学生看到自己的学习成果，从而使其树立自信心，进行自我反思，在无形中激发了学生的学习兴趣。教师除了阶段性口语交际教学评价之外，还应重视即时性评价，既要关注语言因素，又要关注非语言因素，这样可促进学生更认真地倾听、表达和应对，有利于端正学生的口语交际态度，养成良好的口语交际习惯。

第八章 高中语文教学中信息技术的应用

第一节 翻转课堂助推高中语文教学的变革

一、翻转课堂总论

翻转课堂作为一种广为流传的新型的教学模式,被广泛应用到各个学科中,并取得了一定的成果。它以掌握学习理论、建构主义理论、人本主义理论、传播学理论为理论基础,以新课程、微学习、信息素养教育为理念支柱,以信息技术与课程整合为技术支撑,被越来越多的研究者和教师所认可,特别是随着新理念和新技术的不断涌现,信息技术在学校教育中逐渐普及,教学模式呈现出多元化的发展趋势,翻转课堂教学模式已经成为国内外教育改革的一种趋势,引进高中语文课堂也是大势所趋。

(一)翻转课堂的概念与特征

1. 翻转课堂的概念

翻转课堂是对传统教学流程进行彻底颠倒的一种新型教学模式。翻转课堂的实质是对师生之间传递和接受知识的流程进行重新安排,形成学生课前在家观看教学视频学习新知识,课堂上在教室通过师生合作交流实现认知目的的新型教学模式。根据翻转课堂的基本思路,教师在新课开始之前提前录制一段15~20分钟的教学视频提供给学生在家自行观看,并在学生观看完视频之后设置若干个与该课程相关的问题来检验学生的学习情况。根据学生学习情况的反馈,教师进一步制定第二天课堂要讨论的问题,并组织学生在课堂上就之前视频学习中存在的问题进行合作探讨,同时完成作业。

由此总结，所谓翻转课堂，就是教师提前制作好教学视频提供给学生在家学习，学生借助于现代信息技术完成课前知识学习，课堂上的主要任务是完成作业和进行师生之间的面对面交流，从而达到知识内化吸收目的的教学模式。

2. 翻转课堂的特征

（1）课堂角色由"教师主流"向"学生主角"翻转

在传统课堂中，面对将要学习的内容，教师和学生对知识的占有是不对等的，教师首先是绝对占有新知识的一方，因此，课堂教学就变成了教师向学生单方向输出知识的形式，学生只是处于被动接受知识的地位。

在翻转课堂中，由于课前观看微视频，学生对新知识已经有所了解，师生之间占有知识不对等的差距就被缩小，教师在课堂上不再是戏份最多的"主角"，而是成为帮助学生完成学习的"教练"，学生也由台下被动接受的"观众"变成了思维活跃的课堂参与者。课堂上的学生有了更多的自由去表达见解，也由于充裕的时间，对文本的讨论也会更加细致和深入。当然，这些还需要教师掌控课堂的总体进度。翻转课堂在真正实现以促进学生发展为主的教学理念上更进了一步。

（2）教学预设由刚性预设向弹性预设翻转

传统课堂教学，教师在进行教学设计时往往会考虑周密、环环相扣，这种程序细密、小步推进的预设，就会容易把课堂推向教师向学生单边传递信息的情景，学生虽然有机会表达见解，但答案最终还是由教师决定，否则周密的教学设计就无法实施下去，这样一来，课堂缺少生成性，久而久之，学生就缺乏积极思考的兴趣。

翻转课堂则要求教师不要将教学设计成单线形式，而是在教学预设时具有弹性，整个教学过程要在自然中展开，教师在上课时因势利导、灵活处理，课堂的现场生成性更加突出。

（3）教学过程由"先教后学"向"先学后教"翻转

传统课堂，课上时间由教师支配，用以完成知识的传授，知识内化则由学生在课下独立完成。对学生来讲，知识内化相对于接受知识更加复杂，更加需要老师的点拨和同学的帮助，但是却只能在课下独自进行。

翻转课堂则完全颠覆了这种传统的"先教后学"教学过程。课外的时间由学生自主把握，借助教学视频和网络开放资源完成对新知识的接受和初步建构。课堂上教师不再去花大量时间讲授，节省下来的时间交给学生完成作业、探究问题和教师进行一些有针对性的指导，由此完成更高层次的知识内化。

（二）翻转课堂的理论基础

1. 脑科学研究理论

大脑是人类富有高级智慧和巨大潜能的核心器官。随着分子生物学和计算机科学的飞速发展以及研究方法和技术的不断更新，20世纪后叶，一门集神经生理学、神经生物学、认识神经科学、语言学、认知科学、人工智能等为一体的学科——脑科学迅速崛起。它侧重研究人在进行信息处理和学习的过程中大脑神经活动的微小变化规律。这就使得人类终于可以以科学的方式来探寻自身大脑的奥秘，并依此解决与人类健康成长、发展相关的医学、教育以及整个人类生活领域与生存状态等方面的问题。在科学家的积极提倡下，全球范围内掀起了一股脑科学的热潮。

2. 人本主义理论

人本主义理论认为情感和认知对人的全面发展起至关重要的作用，进而提出"以人为本"的教育思想，教育人是第一位，其次才是对学习者的教育。作为信息化教育的新型教学模式，翻转课堂中无疑也渗透着人本主义理论。

在教学中，人本主义理论提倡从学生的主观出发，助其获取有意义的知识而不是教师客观断定应该教授学生哪些知识。人本主义的心理学家认为，教育目标和学习结果应该是使学生成为有高度适应性和内在自由性的人，这一点也是翻转课堂教学模式中"以生为本"的生动再现。翻转课堂教学模式的教学设计应以人本主义理论为指导并且遵循相应的实施原则：以学生为重，提倡个人的有意义的学习；创设情境，利用丰富的学习资源；强调协作学习，注重师生情感和交流。除此之外，人本主义理论对教学环境、教学过程以及教学评价的相关要求对翻转课堂教学模式有一定的指导性意义，翻转课堂教学模式的实践也能够进一步完善人本主义理论体系，二者之间互为支撑，相互促进。

3. 传播学理论

传播理论是研究人们通过符号或信号来传递、接受与反馈信息的活动的理论。从某种意义上讲，教学过程实际上是知识的传播过程，传播学的理论可以解释教学现象，探索视听技术应用在教学过程中发挥的作用，是教育传播研究的重要内容。教育者通过有效的技术手段将教育内容按照教育目标和要求，把知识、思想、方法等传播给受教育者的活动过程就是教育传播。传播学理论为改善教学过程中各要素的功能提供了理论支持。根据这一理论，教师可以利用网络、视听、音频技术选择合适的传播媒介，让学生通过课前的自主学习，来获取知识，感受、欣赏作品带来的美学意义，接受知识、自主研读并向教师提出反馈，用课堂上的时间进行更深入的研究和讨论，从而更透彻地理解作品带来的美学意义。

（三）翻转课堂教学的优势

1. 能创设生动的教学情境

教学情境的创设指的是创设与教学内容类似的具体氛围或环境，其目的是让学生体验身临其境之感，以激发其情感上的体验，从而对作品的内容形成具体而深刻的领悟。

在语文教材里有形象入木三分、情节引人入胜的小说，也有充满闲情逸致的散文、诗歌。而运用翻转课堂的教学模式开展教学，情况就会变得大不一样。学生可以通过丰富的课前教学资源看到午后慵懒的阳光，听到海浪拍打海滩的声音，甚至可以与宇航员一起太空遨游，通过翻转课堂教学模式，可以把书本上简单的文字立体化，通过数字化手段对各种各样的教学情境进行充分的构建。

语文教学情境的创设非常适合采用翻转课堂的教学模式，它能将无声化为有声、化抽象为形象、化微观为宏观、化复杂为简约，营造出最好的教学情景，激发学生浓厚的学习兴趣，触发学生无尽的想象和联想，引发学生情感的共鸣、心灵的感知，从而达到对所学作品的更深的感悟与理解。

2. 能促进学生自主化学习

按照传统课堂模式，学习文言文时对于文中的字词句的学习会花去很多的时间和精力，效果也不好。翻转课堂的导学案中的文言文基础知识学习部分，学生在观看了微视频之后可以很轻松地掌握。通过这样的学习方法，学生学起来会更加投入，在完成自己的任务后，也会对具有挑战性的题目感兴趣，并尝试自己解决。通常，如果学生的学习能力相对较强，就可以先去观看一些难度稍大，进度也稍微提前的课程；而对于接受能力一般的学生，则可以根据自己的安排，选择重复播放课程，也可以在某一部分选择暂停，直至理解课程内容。看完微课后不能解答的疑问可以在学习小组内自由探讨，没有了教师的生硬要求和一板一眼的教学步学生完全可以按照自己的学习步调来自主地学习。课堂上的展示训练课都是以小组为单位进行的内容探究，学生自主学习，小组合作探究，学生主动展示、主动点评，教师成了课堂的引导者和组织者，学生真正成为学习的主体。

3. 能增加学生的阅读量

对语文翻转课堂来说，学生在课堂环节的参与是最重要的部分。一场精彩的课堂交流探讨，往往建立在学生课前对相关阅读资源的广泛涉猎上。传统课堂上，教师也在尝试增加学生的阅读量，但是短短的45分钟很难安排，拓展阅读只好放在课下由学生自主完成，而且效果往往不好。翻转课堂最鲜明的特点就是"先学后教"，学生在课前完成了学的内容，课堂上本来用于教师讲解的时间就被节省了下来阅读与本课相关的文章，与课文形成对比阅读或更深层次的阅读。学生的阅读量增加了，视野开阔了，获取的相关材料多了，对文本的理解也就更加透彻了。这种安排一方面可以增加学生的阅读量，另一方面能够帮助学生积累写作方法，推动学生的精神成长，在潜移默化中培养学生的人格素质。

4. 能促进学生个性化学习

探究性、个性化学习是《语文课程标准》里倡导的学习方法及方式，在传统的课堂上不易实现，而翻转课堂等新型教学手段，为学生个性化的学习方式及探究性学习的实现提供了可能和条件。学生依据课前教师提供的教学视频或共享资源来学习，促进了学生的独立思考，在课堂通过与老师同学进行交流沟通，对自己的感悟有了更深层次的思考，教师也可以给予其"个性化"的学习指导。因此，学生学习是完全依据自己的兴趣和意愿来进行的，极大地彰显了其主动性及主体性，在一定程度上，个性化的学习方式得到了实现。

5. 能激发学生的学习兴趣

语文课的枯燥沉闷，历来为教育者和被教育者所诟病，努力改变这种现状成为不少教师奋斗的目标。课堂翻转将传统的沉闷的教学方式打破，转而以更吸引人的方式进行授课，有效提高了学生对待学习的热情。

对于课程的学习，学生可以先自行进行教材的学习，通过观看微课程对重点知识予以掌握，同时结合视频讲解对难点问题进行理解，从而形成一个良中生互动的过程。学生通过更加主动的学习与合作，能够充分感受到知识内化的过程，从而激发他们的学习热情，对自身能力有了一定的认可。在学生自学的过程中，学生转变往常被动接受知识的状态，转而主动学习新的内容，另外，学生通过训练展示课这一平台，将所学的知识运用于实践，从而彰显自身的能力和水平，在彼此的合作互助中得到提高。

通过微课程，学生有效地提高了学习效果，节约了学习时间，可以腾出更多时间学其所好、补其所弱；教师可以将时政素材、拓展素材通过微课的形式上传到平台，供学生下载学习，拓宽学生的视野。

二、翻转课堂在语文教学中的应用原则与策略

在语文教学中，翻转课堂的应用还不成熟，还需要教师在实践中去探索。因此，教师在开展翻转课堂教学时，应遵循相应的应用原则，切实发挥出翻转课堂应有的作用。同时，还应积极寻找提高翻转课堂教学质量的策略，为翻转课堂教学的成熟夯实基础。

（一）翻转课堂在语文教学中的应用原则

1. 发展语文教学能力

翻转课堂改变了传统课堂的教学模式，给语文"听说读写"教学带来了巨大的挑战。对于习惯了传统语文教学的教师和学生来说，本来熟悉的语文课堂一下子变得陌生感十足，甚至有些茫然、不知所措。但是只有接受这种信息化的教学观念并且"随机应变"，探索出翻转课堂本土化后的更为适合的改良形式，才能开拓出语文教学发展新空间。

"听说读写"教学之间虽然没有沟通和关联，但是"听说读写"能力之间却存在着共通点，从一定程度上说，它们组成了一个相对的语文能力体系。在传统语文教学中，听、说、读、写教学往往是孤立分开的，对其划分也有着明确的依据，但是这种独立分开的教学观念也困扰着许多语文教师。因为在使用频率上，听、说能力要远远超过读、写能力；但是难易上，听、说能力却不如读、写能力。面对语文能力的使用和语文教学的侧重之间不协调的矛盾，在语文教学过程中出现了过于侧重某些能力培养的现象，最终导致无法实现培养学生语文能力全面发展的教学目标。翻转课堂侧重学生之间、师生之间的交流和学生的合作探究，对"听说读写"能力的培养将会渗透在教学的各个环节中，使它们展现出一种相互融合的状态，较之于传统语文教学模式，更具有促进"听说读写"体系全面发展的潜力。

2. 以学生为本

"以生为本"是翻转课堂体现出的教学理念，但是在教学的过程中，教师是否真的能从学生的角度出发开展语文教学呢？翻转课堂改变了传统教学模式，需要学生在课下利用教师布置的教学视频（或其他资料）进行预习并将不能解决的问题记录下来，课堂师生讨论、生生讨论解决学生不懂的问题，以达到知识的内化和吸收。但是，在语文教学中采用这样的教学模式，很多学生会有多此一举的感觉，占用了学生大量的课外时间，无形中给学生带来了较大的压力。语文学习不同于其他学科，语文学科没有较多固定的知识点需要

教师讲解，主要在于日常生活中的积累，大多优秀的语文教师都会非常重视学生的课外阅读，也常常会给学生推荐相应的阅读书目。语文课堂"翻转"后，学生的课余时间大多是学习教师的视频而不是进行语文的课外积累，这对于培养学生的语文素养和语文综合能力究竟会带来怎样的效果？特别是低学段的学生，更应该在人与人之间真实的交流中来学习语文，而不能仅仅从教师讲解中完成新知识的学习。

3. 筛选教学内容

翻转课堂在我国毕竟还属于一个新的舶来品，国内本就缺少实践经验，语文教师在运用时还要结合语文教学的特色去考虑，因此，要特别注意教学质量。目前，在网络上能找到的语文翻转课堂的教学设计、教学实录或者微课资源都很少，在这种情况下，我们就要秉持宁缺毋滥的原则，完全没有必要为了"翻转"而"翻转"，硬是折腾出一个视频出来。不管翻转课堂有多么新颖的形式，其最终目的是更好地服务教学，内容永远是核心。但是，语文教学内容包罗万千，并不是所有内容都适合用"翻转"这种形式来呈现，千万不能盲目追求创意的形式而强行把语文课全部"翻转"过来。翻转课堂这种新的教学模式的目的不是通过一两节课就能达到的，而是一个长期的系统工程。在这个长期的系统工程中，教师首先要有一个宏观的部署，从整体上把握教材内容，精心选择出大概三分之一的具备翻转课堂操作可行性的内容，将这些教学内容合理分散在整个学期之中，可以是一些说明文、新闻传记等应用类文体，可以是诗歌等短小精悍的文章，可以是写作指导，也可以是演讲、辩论、朗诵等口语交际指导等等。具体到每节翻转课堂，课前教师还要通过互动明确学生自学中有困难、疑问的内容，并且挖掘到有价值的点供课堂交流和探究。

4. 增强课堂交流

语文课堂除了翻转课堂强调的让学生在课堂上交流讨论、活跃起来之外，还有一个其他学科没有的重点——诵读。传统语文课堂中，总是能够听到教师和学生充满感情的诵读声，这是因为反复的诵读把文字转换成了更形象的声音，可以帮助学生披文入情，更加准确地理解文字中蕴含的情感。在语文翻转课堂中，诵读仍然具有极为重要的地位，它是动脑、动心的前提。

（二）翻转课堂在语文教学中的应用策略

1. 提高教师的微课制作能力

（1）注意微课制作的细节

微课的使用对象是学生，为了让学生了解教师的基本情况，教师在开始录制时要注意进行自我介绍，并告诉学生这门课程的评价方法和考试方法。微课视频短小精悍，大概在 10 分钟以内，要突出重难点，注意整个知识结构的完整性，不要轻易跳过教学步骤。如果录制中有一些内容需要教师加以提示，那么教师可以使用不同颜色的笔进行标注，或者是列出关键词，用特别的符号进行强调。

教师要提前告诉学生根据学习任务单来观看视频，在学习单上将微课程和相关的资源与活动链接起来，方便学生在学习任务单的统一调度下跳转学习。看完之后要进行讨论，完成相关练习题。在听课的过程中，要培养学生良好的听课习惯，遇到不懂的地方可以按暂停键进行思考，如果没听明白，可以进行重听，还可以对教师讲解的重难点进行记录，加强对重点知识的巩固和理解。

教师还要注意录制微课时鼠标不要在屏幕上乱晃，注意背景颜色的设计以及字体的选择，将二者进行合理的搭配，使画面呈现出一种美感；还有要保持画面的整洁，去除与教学无关的图像；还要选择安静的录制环境，不要有噪声；注意视音频同步；留心学习其他领域的设计经验，注意借鉴、模仿与创造，例如从电影、电视、广告等大众媒体中找到可以借鉴的创意。

（2）选择合适的教学内容

语文教学内容包罗万象，知识也浩如烟海，并不是所有的教学内容都适合用翻转课堂的形式来呈现，特别是在通过微视频帮助学生自主地完成学习任务时，要注意区分知识类型。一般可以把知识分为陈述性知识和程序性知识，陈述性知识是关于"是什么"的知识，具有确定的概念、规则等，在语文学科中，语法、修辞等知识都属于陈述性知识；程序性知识则是关于"如何做"的知识，在语文学科中，阅读理解、鉴赏等都属于程序性知识，相对而言，语文学科中的陈述性知识更容易制作成微视频。在实践翻转课堂教学模式的初期，可以降低知识的难度，选取陈述性知识作为学生适应的过渡，等学生适应之后，再选取程序性知识较多的内容"翻转"。还要注意的是，非常简单的知识，普通教学方法就可以完成的，没必要使用微视频，过于困难的知识仅凭借微视频也不能确保学生能够完全学会，翻转课堂并不是百试百灵的万能钥匙，分析知识的难度等级，对于合理使用微视频进行翻转课堂教学来说是不容忽视的。

（3）注意视频内容的适宜性与多择性

其一，要选择适宜制作成教学视频的知识点作为视频内容。在制作教学视频时，选择的知识点一定是适合通过视频的方式表现的内容。比如，语文课程中的诗歌、说明文、议论文由于比较抽象，学生通过简单的文字很难自行构建出教学情境，这就可以用视频教学的形式展现给学生。而对于记叙文的学习就不适合制作教学视频了，因为记叙文要求的就是学生通过反复品读文章，在字里行间感悟作者的语言魅力以及想表达的某种感情，因此，在语文教学中使用视频进行教学并不是全部通用的，需要教师根据课程内容进行分析和选择。

其二，要选择多样化的内容对知识点进行诠释。教学视频的制作还要做到形式多样，语文学科有着丰富的教学资源，各种影视素材、公开课，甚至纪录片都可以作为教学视频中使用的内容。一个优秀的教学视频应当是涵盖了能够辅助学生学习某一知识点的所有素材。这样由丰富内容构架起来的教学视频才能最大激发学生的学习热情和主观能动性。如果无法做到这一点，那么教学视频还是简单的"黑板搬家"，只是把教师用黑板或者PPT进行教学的过程转化成视频的形式在课前发布给学生，就会失去翻转课堂应该有的魅力了。

2. 课堂教学的策略

（1）重视学生合作训练，提高学习质量

在翻转课堂展示环节，学生有时怯于表达或表达不畅，影响了小组合作的质量。这时教师要教给学生一些说话的方法，给学生创造良好的氛围，为他们提供各种机会进行训练，培养学生口语表达能力和逻辑思维能力。

第一，加强复述训练，提高语言表达能力。复述能提高学生对语句的再创造能力。通过复述训练，学生能够规范自己的语言，使表达内容更加丰富和完善，同时学生的概括能力也能得到提高。

第二，掌握问答技巧，训练逻辑思维。在翻转课堂教学中，学生通过小组合作讨论，再进入展示环节，如果老师提问"为什么"，应提醒学生使用因果关系的句子来回答；对于争论性的问题，或者是需要表达自己的观点，回答的方式可以是"我认为""我觉得""我的想法是"等形式开头，然后进行论证说明；对文章的内容进行回答时，学生可以套用"作者是从……这几个方面来写的，重点写了……，这样写的好处是……"的模式进行回答，学生掌握了问答的技巧，自然就能清晰、准确地表达出来。

第三，仿写文章段落，让学生学会表达。仿写段落也是提高语言表达能力的一种方法。教师可以从平时的课本中发现相关素材指导学生进行锻炼。学生仿写的过程，不仅加强了对文章的理解，还丰富了想象力，提高了语言表达能力和学习兴趣，与作者产生共鸣，学生学会了一定的表达方法，也学会了对美的欣赏。

（2）加强自主学习的引导

第一，要注重辅学案的引导性。自主学习策略主要指教师通过各种方法激发学生能动地进行自主学习。辅学案作为学生进行课前自主学习的工具，应当可以精简地概括课程的重难点，并且对学生自主学习提供明确的引导，通过探究性课题的布置，对学生自主学习课程内容提供思路和线索。

第二，要注重学生的主体性。教师通过课前教学视频的观看对教学内容情境进行创设，并以此来激发学生学习的热情和兴趣，使学生产生继续探究学习内容的兴趣，再通过课堂上的小组讨论，让学生强化对知识的理解。在这个过程中，学生始终作为学习的主体开展学习，主动学习、主动思考、主动反馈，教师在当中的作用是方向上的引导。

（3）改革课堂教学内容

翻转课堂要求在教学过程中打破传统的教学模式，丰富教学内容，提高师生和生生交流，加大课堂对话，采用新颖有趣的形式开展教学工作，切实提高学生的综合素质。

第一，保证教学视频内容完整清晰。对于全体学生而言，教学视频是学生课前学习的主要方式，不同的学生有不同的学习基础，教师在制作视频时应该充分考虑每个学生的学习基础，尽可能地照顾到每一个学生，争取每个学生都能够根据视频独立的完成课前自学。同时视频内容要有条理，突出学生需要完成的重点任务以及自学要点和目标。视频不适宜过长，最好不要超过 10 分钟。视频尽量简短、重点突出。在高中阶段，不同学生的理解能力有较大的差别，而且自学能力差，每个视频适宜设置 1~2 个知识点，便于学生理解。

第二，课堂教学任务以现有的学习基础为起点。教师通过学生课前自主学习、课堂中和学生的互动，充分了解学生对知识的把握，了解哪些知识需要教师帮助理解，根据学生的自学情况对教学内容进行适当调整。学生通过小组之间的合作各抒己见，对知识会有一个全新的认知，而且还能够提高学生的学习兴趣，提高学生的学习水平。

第三，课堂教学的主要目的是提高学生的能力。通过课外及课堂的学习，让学生对知识有一个全新深刻的把握，通过课堂任务，让学生自己去发现问题、理解问题，并且试着去解决问题，提高学生分析问题的能力。传统教学一味地求分数，而教学体制的改革以提高学生的综合能力为目的，贯彻"以学生为中心的"教学理念。

（4）转变学习方式

所谓学习方式的转换，指的是把原有被动性、单一性的学习方式转变为主动性、多样性的学习方式，学生不再被动地接受教师讲授的那些既定教材知识，而是通过自身的主动参与经历对知识的创造性开发过程。

翻转课堂坚持了个人、班级、小组三方相结合的学习方式，学生既可以在课前根据自己的学习进度和接受水平安排自己阅读、思考、练习的时间，在课堂上又可以和老师、同学互相交流，对学习的理解和感悟各抒己见，交换自己的学习经验和学习收获，并在教师的引导下对教材中的重难点问题进行逐一把握，对思维方式和学习方法等进行多方面的学习。

翻转课堂的教学优势在于为学生提供了灵活的学习时间和自由的学习方式，这一过程离不开学生对学习的主动配合，然而，在应试教育的现状之下，学生已经习惯于教师的单向讲授和家长的实时监督，在面对开放式、自主式的学习模式时难免容易迷失自我。纵观国内外有关翻转课堂的实验，有些之所以未能取得预想之中的效果，原因就在于学生未能有效地进行自主学习。因此，要想翻转课堂取得良好的效果，就必须锻炼学生的自主学习能力，让他们养成自我监督的习惯，这也是翻转课堂能否取得实际效果的关键所在。

（5）合理分配时间，把握教学进度

翻转课堂主要的学习方式是"自主、合作、探究"，教师在引导学生学习的过程中，随时都会出现一些意想不到的问题，如学生无法快速地掌握生字词、重难点知识理解不到位等，只有把这些问题解决了之后才能进行知识的迁移和拓展；在合作学习过程中，学生会因为对某个问题持不同观点进行深入探讨，占用大量时间。

3. 加大学校、家长的支持

（1）增加对教师的培训力度

翻转课堂对语文教师提出了更高的要求，翻转课堂教学模式需要学生在课前自我学习，要求教师用短小精练、主题突出的视频呈现出教学重点，这就需要教师提高自己的视频录制和信息处理能力。因此，教师需要充分使用计算机和软件录制教学视频，并且能够利用互联网资源增加一些富有创新的新观点，并且通过网盘、云盘等工具实现资源共享，同时能够在网上为学生答疑和提供帮助。此外，翻转课堂还需要语文教师具备一定的组织能力。一方面，教师根据自己的教学风格，组织合理的教学环节，给学生分配恰当的任务，并且完善课堂的组织形式；另一方面，教师应充分了解每一位学生的情况，对没有或无法参与小组合作的学生给予帮助，充分保证每个学生能够切实投入翻转课堂教学模式中。

同时学校应该利用假期加大对教师基本技能的培训，切实提高教师的技能和技术水平。可以增设教师技能提高课、教师信息资源共享课等，从实际上和思想上转变教师旧的思维定式，提升语文老师的综合能力，为随后的教学改革打下坚实的基础。

（2）家长积极配合

首先，了解孩子的学习动态。比如家校通、家长会，家长可以通过翻转课堂了解教师对孩子具体的学习要求，了解孩子的学习动态，家长在家中对孩子学习的监督更有针对性，从而更好地配合学校教师。此外，通过学习教学微视频，有些知识文化水平较高的家长可以检查孩子作业和辅导孩子学习。

其次，为孩子创造良好的学习环境。如果应用翻转课堂教学模式，家长要为孩子准备稳定的网络环境，确保孩子可以通过学习平台完成学习目标，家长在提供网络支持的同时也要加强监管，防止孩子使用电脑、手机、平板做与学习无关的事。此外，家长还要为孩子提供整洁安静的空间，屋内物品要摆放整齐，避免因杂乱而影响学生学习心情，在学生学习时应避免大声交谈，或者发出其他噪音，以免分散学习的注意力。

最后，维护教师权威。家长在观看教师教学微视频时，如果对教师的设计、制作和讲解存在不同看法，应该避免在学生面前对教师评头论足。如果学生对教师制作的微视频存在不满，家长应该从教师立场出发，引导学生学会换位思考，坚定学生对学校和教师的信心。如果学生不喜欢教师，那么他也很难学好那门课程。

第二节 现代化技术在高中语文教学中的应用

一、多媒体在语文教学中的应用

语文多媒体教学随着信息技术和现代教育技术的快速发展，具备了很强的创造力和生命力，为语文教育教学、教师传授知识、学生学习技能提供了一种坚实的技术保障和支撑。然而，语文多媒体毕竟只是语文教学的一种辅助手段，在实践教学过程中，我们要充分利用多媒体技术的优势，摒除其劣势，真正让多媒体技术为语文教学服务。

（一）多媒体技术的含义与特征

多媒体技术一般能够同时综合处理多种信息，使信息相互建立一种逻辑联系，进而集结一个交互性系统的技术，能够同时采集、处理、编辑、存储和输出多个不同类型信息媒体，并将文、声、图、像集成在一起。具体而言，具有以下几种特性：一是可集成性。以计算机为中心综合处理包括文字、声音、图形、图像、动画、活动影像等多种信息媒体，并将信息空间范围不断扩展，使得更加人类化，更趋智能化，方便人类使用。二是具有交互性。多媒体可以向用户提供更加有效控制和使用信息的多种手段，同时也可以为多媒体技术的应用开辟更加广阔的领域，还可以增加用户对信息的理解，延长信息保留的时间。三是具有实时性。多种媒体集成时的声音及活动的视频图像与时间密切相关，因此，多媒体技术支持实时性处理，这也是同步传达声音和图像所必需的一种特性。除了上述三种比较明显的特性外，还存在多种信息和超媒体的信息组织形式等特性。

（二）语文多媒体教学的模式

1. 课堂教学演播模式

课堂教学演播模式是由传统的课堂教学方式演化而来的，是在以教师讲解为主的传统课堂教学中，将多媒体计算机系统和大屏幕投影系统作为教学媒体和教学手段引入课堂。教学内容通过大屏幕投影，以文本、声音、图形、图像、动画和视频等多种媒体形式呈现出来，教师通过与计算机交互、创设情境、呈现过程、提供范例，使教学内容形象生动、直观具体地呈现在学生面前，便于学生理解、记忆和掌握，也有利于学生联想和推理等思维活动的开展。

2. 发现与探索式教学模式

发现与探索式的基本教学过程是：首先，由教师围绕学习内容向学生提出相关问题和要求，或由学生根据课件展示的现象去发现学习的问题。其次，让学生通过与计算机的交互，利用计算机提供的与现实情况基本一致或与当前学习主题的基本内容相关的情境的多媒体教学资料，在教师的指导和帮助下学生自己找到解决问题的方法，寻求问题的答案。最后，由教师或同学予以评价。

3. 协作化教学模式

协作化教学模式是指在教师的指导下，多位学习者对同一问题进行观察、比较、分析、综合等交互活动，这些交互活动是深化问题理解和获得高级认知能力的外部条件。多媒体的应用能对学习者群体的合作学习进行支持，为学习过程的参与者提供协商讨论、相互交流和信息共享的环境。协作化教学模式是随着学习理论研究的深入而发展起来的。人们在研究中发现，在教学中仅强调个别化是片面的，因为个别化不利于培养人际关系和情感交流等，而人际关系和情感交流需要更多地依赖师生、同学间的交互作用和群体动力。

（三）多媒体教学的特征

传统的语文教学系统是由教师、学生和教材这三个要素构成的，而在现代化教学环境下多媒体技术的介入，导致语文教学系统新增了一个不可或缺的要素。多媒体作为一类新型的教学媒体，当它与语文学科的课程加以整合，在与语文学科的教学进程密切结合时，它在体现自身特性的基础上，也随之体现出了多种与语文教学过程融合的特征。

1. 多媒体技术提供外部刺激的多样性

多媒体技术提供的外部刺激不是单一的刺激，而是多种感官的综合刺激，这对于知识的获取和保持，都是非常重要的。

2. 多媒体计算机信息量大，内容丰富

储量大、速度快是多媒体技术的功能特点，一个小小的 u 盘，可以装下很多有关的内

容，真可谓是应有尽有，学生们也可以通过多媒体接触各种各样有关的背景材料，教师也可以从不同的侧面对教学重点进行不同方面的阐释。跟传统的黑板相比，特别是语文教师在利用黑板的时候，往往写上几组拼音文字，或是抄写上一段话，就占用了大部分的空间，也不方便在教学课堂中的临时发挥。多媒体可以不断地变换屏幕和界面，平面的、立体的声音、图像都可以一一显示，在同样的时间内，有着超乎传统教学方式的丰富信息内容，同时也有利于语文教师的授课，既让教师准备得更加充分，也让学生开阔了视野，更加有利于语文教学的效能优化。

3. 多媒体技术促使语文教学交互性增强

多媒体技术将视听合一的功能与交互功能结合在一起，产生出一种新的图文并茂、丰富多彩的人机交互方式，而且可以进行立即反馈，这样能有效地激发学生学习语文的兴趣，使学生产生强烈的好奇感和学习欲望，从而有利于形成良好的学习动机，进一步优化语文教学效能。特别是在传统的语文教学过程中，语文教师主宰着课堂，一堂课往往是语文教师一讲到底，学生只能在那儿被动地听、被动地看。而在多媒体交互式的学习环境中打破了传统语文教学中"满堂灌""填鸭式"的课堂授课模式，学生可以根据自己的学习基础、学习兴趣选择学习的内容和适合自己水平的练习，在学习内容上，速度、时间安排上都有较大的自主权。

（四）多媒体教学的优势

1. 营造意境，陶冶情操

多媒体技术对于激发学生学习情趣起了重要作用。多媒体的优势是图文并茂，有着大量丰富的感官材料，诸如形象生动的画面、动听悦耳的音响等等，能够营造一种浓厚的课堂学习氛围，让学生全身心的融入其中。兴趣是最好的老师，当学生由学习的"知之者"变为"好之者"，又从"好之者"变成"乐之者"，就能够实现由被动学习变为主动学习，极大地提高学习的积极性、主动性。同时，在这样浓厚的课堂学习氛围中，学生又极易受到情绪的感染，从而拨动情感的心弦，自身的思想感情在此得到升华。

2. 模拟生活，帮助理解

语言作为一种交流思想的工具，在我们的生活中扮演着举足轻重的作用。然而正如索绪尔指出，语言的基本矛盾在于用线性的方式描绘非线性的世界，因此，世界上许多东西难以甚至于无法用语言表达，在这样的背景下，多媒体模拟生活、复现情境的意义便体现出来了。传统的教学中，想要单靠一支粉笔、一张嘴、一本书将文本承载的意境表达出来，是相当有难度的。传统的面授式的教学活动总是容易使语文课堂显得枯燥，然而通过多媒体教学，将传统面授教学方式与现代电化教学进行完美的结合与创新，使得语文教学里很多含蓄的不易表达的知识，许多深邃的、不易描绘的图景，很多抽象的、不易理解的哲理，仅用一张图表或者一段动画便可明白无误地展现出来，这样的效果，比起教师单纯的语言描述完全是不可同日而语的。

3. 课容量大，课堂效率高

运用多媒体方式进行作业训练的时候，可以增加课堂作业训练的数量和密度，提高教学效果。在使用多媒体教学方式的课堂中，教师摆脱了单纯的言传身教，不再局限在课本和纸张上，而是通过媒体资源进行讲授。多媒体方式可以将抽象、生涩、费解的知识直观化、形象化，从而大大激发学生的学习兴趣，充分发挥现代教学方式的优越。由于多媒体课堂具有形象、生动、直观、教学信息量大的特点，多媒体课堂效率大大提高了，调动了学生主动学习的积极性。

4. 改变模式，革新理念

多媒体技术对于语文课堂的另一个影响是促进了教学模式的改变和教育理念的革新。以往的传输式教学，整堂课都是师生的对话，教师作为知识的掌握者和传授者，在课堂滔滔不绝地讲授，无论学生积极性有多高，这样的教学模式都注定是效率低下的。然而当下的多媒体教学却彻底改变了这一状况，在这一技术平台上，教师可以进行高密度的知识传授，既节约了课堂时间，也丰富了教学内容。与此同时，教师的教学理念也发生了转变，从注重传授转变为注重启发引导，其角色也从课堂的主宰者演变为教学活动的组织者、学习活动的引导者、学生学习的沟通指导者等。

二、信息技术在语文教学中的应用

随着网络技术和信息技术的快速发展，信息网络时代已然来临，给教育领域也带来了深刻的变革。例如在高中语文教学方面，信息技术与网络技术在高中语文教学中的应用并不仅仅是在教学手段方面进行变革，更为重要的是改变了传统的教学模式。

（一）信息技术教学的概述

1. 信息技术的含义

信息技术在不同的国家和不同的行业其定义是有所不同的，一般国际上通用的解释为，信息技术是主要用于管理和处理信息所采用的各种技术的总称，主要是应用计算机科学和通信技术来设计、开发、安装和实施信息系统及应用软件，也常被称为信息和通信技术，主要包括传感技术、计算机技术和通信技术。在不同的方向它还有其他的解释，如信息技术就是获取、存贮、传递、处理分析以及使信息标准化的技术。在这里我们所要研究和涉及的在高中语文教学中被广泛应用的信息技术，指以计算机网络技术为主的多样化工具以及相关的软件应用技术，包含信息媒体（印刷媒体、电子媒体、计算机媒体等物化形态的技术）和信息技术应用的方法即运用信息媒体对各种信息进行采集、加工、存储、交流、应用等的智能形态的技术。

2. 信息技术与高中语文教学的整合

整合是指一个系统内各要素的整体协调、相互渗透，使系统各要素发挥最大效益，因此，可以将教育、教学中的整合理解为教育教学系统中的各要素的整体协调、相互渗透，以发挥教育系统的最大效益。

信息技术与课程的整合就是通过将信息技术有效地融合于各个学科的教学过程，从而营造一种新型教学环境，实现一种既能发挥教师主导作用，又能充分体现学生主体地位的以"自主、探究、合作"为特征的教与学的方式，把学生的主动性、积极性、创造性较充分地发挥出来，使传统的以教师为中心的课堂教学结构发生根本性的变革，从而使学生的创新精神与实践能力的培养真正落实到实处。

信息技术与高中语文教学整合包含两方面的意思：一方面要用信息技术整合高中语文学科教学，另一方面以信息技术为整合手段，整合好教学的有机要素。根据高中语文学科的特点，将信息技术应用到高中语文教学中，可以激发学生的学习兴趣、扩大信息量，实现对教学资源的有效组织和管理，有利于突破教学重点难点、优化教学效果、激发学生创造性思维、开发多元智能，让学生在学习中始终保持兴奋、愉悦、可求上进的心理状态，对学生主体性的发挥起着事半功倍的作用。

3. 信息技术在教育中的应用价值

信息技术在教育中的应用价值首先便是基于信息特点和优势而言的，信息技术在信息传播方面是其他信息传播方式无法比拟的，书籍作为信息知识的载体，一直以来都是知识传播的重要途径。然而相较于信息网络来说，无论是从传播速度还是从传播范围上，书籍都有着很大的局限性，在信息网络时代的今天，各种信息知识在网络平台上的传播速度更快、传播范围也更广，这就使得知识信息的大面积传播成为可能，并且在这种传播模式下，受众对于知识信息的获取方式也产生了本质变化。

传统的知识信息传播模式，学习者只是知识的被动接受者，对于知识信息的选择有限，只能够在一个较为有限的范围内选择和获取相关的知识而且效率较低。而在信息网络知识传播模式中，网络知识平台所包含的信息量远远大于传统书籍，并且借助于搜索技术能够快速找到自己所需要的知识信息，从本质上改变了学习者的知识信息获取模式。

信息技术在教育中的应用，能够促进教育模式的改革，突出学习者在学习过程中的主体性，激发学习兴趣，从而提高教学质量和有效性；另一方面，信息技术在教育中的应用，也能够加大拓展教学资源，例如在一些学科的课外教学内容拓展中，利用庞大的网络信息资源，可以快速找到相关的知识信息，提高了知识学习的效率。

（二）信息技术在语文教学中应用的必要性与可行性

1. 信息技术在语文教学中应用的必要性

（1）信息技术自身的特点

通过查阅资料可以知道信息技术在教育教学中的特点大概包括五个方面。

第一，信息容量大。随着信息技术和数字压缩技术的发展，现代教学媒体的信息容量越来越大，比如，目前的 U 盘容量可以装下一所高中学生的学习和作业的全部用书，甚至可以是一个移动的"图书馆"。

第二，形式的多样性。信息技术参与语文教学，以先进的计算机技术和网络技术为基础，能迅速且同时呈现语言、文字、图形、音频、视频等；能综合处理声音、图像、文字等多种信息，不受时空的限制。如在授课过程中，可以同时播放音乐，给学生欣赏图片，集视听于一，呈现出多种刺激，有利于提高学习的效率。

第三，高度的智能化。信息技术参与教学正在改变以往教师单向进行信息传递、学生被动学习的局面，具有智能化程度高的特点。比如通过程序管理教学，监督评价学生的教学效果。

第四，虚拟仿真化，创设虚拟的环境。通过人机交互，让学生可以获得三维甚至四维的感受，通过模拟让学生获得在现实情况下无法获得的感性经验和真实体验。例如科技类内容的理解，可以让学生模拟进入太空，得到真实的体验，加深理解和认识。

第五，信息的网络化。校园网的建设，把学校的全部课程与教学信息完全数字化，让全校师生在校园网中自由共享，甚至可以全球资源共享，坐在家里就可以听外国教师授课。

通过信息技术的这些特点，信息技术渗透下的语文教学将会迎来一场变革，教师要充分合理的利用这些特点更好地为教学服务，使语文教学在信息时代大放异彩。

（2）高中语文教学特点

高中语文课程有其独特的阶段性特点。

随着高中课程的增多，学生的兴趣分化开始出现，很多学生的学习兴趣不仅仅停留在语文和数学两门学科上，分散到了更多学科中去，语文作为基础学科被很多学生轻视起来，通过对学生的调查可以看出，学生并不是讨厌语文学科，而是对于现在的很多语文教学不满，只要有效的改进语文教学，这种情况应该可以改善的。

语文教学的过程实质也是语言训练和思维训练交互的过程。高中语文更加强调了对语句的含义理解、文章脉络的分析、中心内容的提炼和概括等比较复杂的能力训练。高中阶段系统性的语文基础知识训练积累，在原有的简单记忆教学的基础上大大增加了抽象思维训练，加之这个时期学生的思维逐步从经验型向理论型发展，从形象思维向抽象思维发展，知识和经验不断内化，反映在语文学习上，则是理解和分析能力的明显提高。由过去的完全听老师的授课到现在的自我选择接受，可以看出学生的自我意识的增强，这就要求了语文教学应该更加人性化。综上所述，高中语文阶段的语文教学必须根据这些特点进行改进，才能激发学生对语文课的兴趣，而信息技术既可以满足日益增加的知识量，也可以改变枯燥的知识灌输状况，正是现在教学所需要的。

2. 信息技术在语文教学中的可行性

（1）有利于提高学生语文学习效率

现代信息技术的运用为语文学习创设了良好的言语环境。语文学科旨在通过语言文字的学习，培养和提高学生理解和运用母语的能力，但学生囿于自己的年龄和生活经历，要用生活中积累的相当有限的直接经验来学习抽象的语言文字显然会有困难。传统教学在给学生提供感性材料方面有很大的局限性，从而影响了学生对知识的理解和掌握，而现代信息技术可以很大程度上弥补传统教学的这一不足，教师运用现代信息技术，可以从网上下载一些生动、形象的图片，为学生获取抽象的语言文字提供了重要的"代替性经验"。

（2）有利于发挥教师的主导作用

对教师本身来说，现代信息技术打破了教师以教参为蓝本的教学思路，信息化教学环境下，语文教师应更加积极地学习有关教育教学理论，在教材的处理、把握学生的新特性、适应教法的变革等方面体现时代的特色。实际课堂教学中，教师应系统考虑教学活动诸要素和诸环节的相互作用，运用多种方式优化教学过程的各个环节，激发学生积极参与学习的热情。学生在通过信息技术运用多种学习策略和活动形式主动学习的同时，不断地将反馈信息传递给教师，教师则根据学生的反馈，不断地对教学过程实施随机调控。整个教学过程，实际上是一个双向交流互动、不断循环、不断调控的过程。因此，教师从自身出发，努力提高自身的信息素养和综合素质，使信息技术在语文教学中能得到有效运用，有利于教师主导作用的发挥。

（3）有利于丰富课堂教学方法

在传统的教学观念支配下，高中语文教学方法单一，并不仅仅是课堂教学方法单一，课下教学方法也存在单一落后的问题。在课堂教学中，一些教学内容十分抽象，通过多信息化技术的处理与展示可以让学生较好地理解其内容。信息网络技术在高中语文教学中的应用，就能够较好地丰富课堂教学方法，利用信息网络技术的优势，给学生带来全新的学习体验。

（4）有利于转变学习方式

所谓学习方式的转变，是指从单一、被动的学习方式，向多样化的学习方式的转变。学生学习的过程不是学生被动地吸收课本上的现成结论，而是一个学生亲身参与丰富、生动的思维活动，经历一个实践和创新的过程。从语文教学形式来说，传统的教学方法以教师的讲授为主，教学过程以教师和课本为中心，学生处在被动接受的地位，因而很难实现学生主动建构的目的。语文学习主要是通过听说读写的语言实践来提高学生的语文素养，现代信息技术的运用、计算机人机对话的实现、网络中信息的自由交换，改变了传统的教学方法和教学组织形式，教师和学生的角色也发生了变化，教师从单纯地传授知识为主转变为学生学习的引导者、启发者和教学资源的组织者，而学生则由被动接受向自由选择、自主探索的方向发展，信息技术成为学生探索知识、发展理解力、提高学习兴趣的有效途径，充分发挥了学习主体的作用。同时，信息化教学要求学生有更高的学习自觉性、更强的自我控制能力、更强的自我学习能力，因此，现代信息技术对语文教学中落实"自主、合作、探究"的学习方式，开展语文课综合性学习，养成良好的学习习惯提供了广阔的施展空间。

（三）信息技术在语文教学中的应用策略

1. 立足教材，注意文本语言魅力

信息技术的参与，极大地丰富了语文教学的形式。现在走进高中的语文课堂，会看到教室里，学生们都目不转睛地盯着多媒体投影的大屏幕，老师用电子教鞭在屏幕上进行着课文分析的演示，时不时地传出优美的配乐朗诵声。一整堂课结束，根本没有看到学生翻阅手中的课本。窗外听不到朗朗的读书声和刷刷的记笔记的声音，取而代之的是媒体播放的各种生动的音效与声响。空间状态和时间限制，使得学生没有过多时间研读教材、记录笔记。

多媒体课件图文并茂、声影俱全，原本给了语文教师更大的课堂发挥的空间，但是很多教师都把这种发挥运用在了教学形式的设计上，而不是对于教材内容的精讲上。众所周知，在教师的备课过程中，第一步就是"备教材"，备课的过程就要求教师的"备方法"

要在钻研透彻教材之后才可以有理有据地进行。课堂教学就更不用说，语文课堂的学习就是为了让学生诵读理解语言的魅力，感受文章本身的思想感情。语文不是简单地因为画面而形象，因为声音而感性的，它是因为语言自身的魅力而吸引师生的。课堂教学过程也正是教师带领学生通过对课文的钻研、揣摩、体会、想象，而进一步概括、理解和迁移的过程。信息技术只是教学的辅助手段，就和教师用的粉笔和黑板一样。不管是传统媒体还是现代媒体，都是为传授手中的那本书的精髓服务的，没有了这本书，其他的只是摆设而已。

2. 因课制宜，采取不同的教学方法

虽然现代信息技术有许多的优点，但现代信息技术也不是万能的。在语文教学中，针对不同的课型，教师应采取不同的教授方法。

语文教学中应该根据内容来决定是否需要使用多媒体教学，对于那些用传统教学方法就能达到教学目的的教学内容，就没有必要耗费人力、财力去进行多媒体转换。而在课前导入、拓展新课内容、培养学生研究性学习能力和拓展性练习等方面是多媒体教学显示威力的地方。

课前导入应该具有集中学生注意力的作用，教师运用富有感染力的教学语言，再配以与课文内容相适应的形象的多媒体内容，可以起到激发学生求知欲的效果；教师要拓展新课内容，如果能借助网络搜索，可以在最大范围内尽快搜索到最有用的信息；研究性学习的开展顺应先进教育理论的发展，有利于学生创新精神和实践能力的培养，为研究性学习创造了有利的条件。这几部分内容之所以可以使用现代信息技术来操作，主要是从它们的教学特点来考虑的，只有符合语文教学规律，才能产生良好的教学效果。

3. 利用网络平台，拓展教学内容

利用信息网络的优势积极拓展高中语文教学内容，在教学中将与教学内容相关的各种课文资源进行整合，利用搜索功能快速查找相关资源，在课堂教学中为学生进行课外教学内容拓展。高中语文教学中的很多内容都需要进行相应的课外教学内容拓展，仅仅依靠课本教学内容很难让学生全面、形象地了解问题，因而信息网络在高中语文教学中的应用，极大提高了课外教学内容拓展的效率。教师利用信息网络技术可以找到相应的资源，并且将之整理成课件资料为学生展示，同时，在课堂教学中，借助于多媒体和网络，教师也可以随时进行课外教学内容拓展。进行课外教学内容拓展的意义在于增加学生的知识面，使得学生能够更加全面的认识学习内容，并且还能激发学生学习兴趣，但是对于所拓展的教学内容也应当进行严格的选择，防止一些不良信息进入其中，并且要保障拓展教学内容有着较强的关联性。为了更好地激发学生的学习兴趣，教师在选择课外拓展教学内容时，也可以选择一些具有趣味性的资料，或者一些学生可能感兴趣的话题。由此可见，利用信息网络进行课外教学内容拓展，是信息网络在高中语文教学应用中较为重要的一个环节，有助于提高教学质量。

4. 张弛有度，注意情感交流

如果说语文教学的过程是师生情感交流的过程，那么信息多媒体的加入，就是"第三者"的闯入。现代语文课堂，很多时候教师依赖多媒体传授知识，课堂由过去的两元"教师—学生"，变成了现在的"教师—多媒体—学生"的三元关系，知识的传播需要各种现代教学手段的参与才可以完成。教师把课堂关注的重点从过去直面学生对于知识和技能接受程度的反馈，变成了时刻关注课件演示的细节。学生关注的重点则由过去的关注教师的讲解，变成了单纯地随着幻灯片的变化而转移，思维跟随演示内容的改变而运转，对教学内容的直接反馈被拦截了，这时的教师就像是一个单纯的放映员，而学生则是一个普通的观众，师生之间的情感交流，变成了冰冷的"人机对话"。

信息技术与高中语文的整合，是为了更好地体现现代教学的多元化和人文性，发挥信息技术的优势，为语文教学服务而不是为了取代教师的主导地位而出现的。教师在课堂上的地位依旧应该是引导者，而不是一个辅助的操作员。语文教学之所以在所有教学中地位如此特殊、如此重要，不仅仅是因为它是我们的母语，是基础学科，很大程度上是因为语文课程的传授，实质上也是一种民族文化和民族价值观的传授。教师在传授语文知识的同时，也在无形中教授给学生如何做人、如何面对生活的态度等情感价值。从传播学角度来看，教师本身就是媒体，通过教师和蔼可亲的教态、生动丰富的语言讲解，教材中的知识和作品中的情感才可以传受给学生。所以，如果教师过分依赖多媒体，只会弱化自身的作用，最终丧失应有的意义。

5. 因时制宜，为学生留出想象空间

一个好的教学环节要遵循"最近发展区"理论，让学生"跳一跳能达到"。有些教师运用现代信息技术时直接将文本的人物形象、情节用图片、视频的方式展示给学生，但这些直观、形象的画面使学生根本无法受到思维和想象的挑战，因此，教师在运用现代信息技术教学时，要为学生的思维和想象留出足够的空间，用引导的方式使学生体会到文字背后所蕴藏的内在美和丰富的情感，这样不仅提高了他们的想象力，对文本的理解也更加深刻。

参考文献

[1] 程志伟. 多维度高中语文教学方法探索 [M]. 长春：吉林人民出版社，2022.02.

[2] 张丕友. 高中语文教育教学的实践与反思 [M]. 长春：吉林教育出版社，2022.06.

[3] 彭小波. 高中语文与生活化教学 [M]. 北京：现代出版社，2022.04.

[4] 刘祥. 高中语文新课创意解读与教学设计 [M]. 上海：华东师范大学出版社，2022.09.

[5] 石爱作. 高中语文汉字文化教学理论与实践 [M]. 沈阳：辽宁人民出版社，2022.11.

[6] 范飚，郑桂华，程元. 高中语文单元教学指南丛书高中语文单元教学指南选修下 [M]. 上海：复旦大学出版社，2022.09.

[7] 刘荣，付宜红. 基于核心素养的高中语文教学 [M]. 重庆：西南师范大学出版社，2021.11.

[8] 王进. 基于新课程标准的高中语文教学研究 [M]. 武汉：华中科技大学出版社，2021.12.

[9] 刘广霞. 高中语文核心素养教学研究 [M]. 武汉：武汉出版社，2021.

[10] 井冠华. 高中语文大单元教学设计指导 [M]. 合肥：黄山书社，2021.09.

[11] 兰娟. 高中语文高校课堂教学研究 [M]. 北京：团结出版社，2021.

[12] 李煜晖. 高中语文专题教学理论与实践以鲁迅小说整本书研读为中心 [M]. 北京：教育科学出版社，2021.03.

[13] 朱香平. 高中语文教学思考与实践 [M]. 福州：福建教育出版社，2020.05.

[14] 姚家全. 高中语文专题教学初探 [M]. 上海：上海三联书店，2020.07.

[15] 罗黔平. 高中语文课堂教学实践与探究 [M]. 长春：吉林大学出版社，2020.11.

[16] 关在龙. 高中语文项目式教学实践研究 [M]. 济南：山东科学技术出版社，2020.08.

[17] 刘凤英. 现代高中语文课堂教学艺术研究［M］. 长春：吉林人民出版社，2020.12.

[18] 马驹. 核心素养视域下高中语文群文阅读教学研究［M］. 长春：吉林人民出版社，2020.10.

[19] 李代宽. 高中语文教学的思索与创新［M］. 延吉：延边大学出版社，2020.

[20] 王媛. 新课标高中语文教学方法与研究［M］. 北京：九州出版社，2020.03.

[21] 王恒. 高中语文教学与学生核心素养培养［M］. 长春：吉林摄影出版社，2020.07.

[22] 冀永峰. 高中语文教学方法创新与审美思维培养［M］. 延吉：延边大学出版社，2020.

[23] 夏宇；温儒敏. 统编高中语文教科书教学设计与指导［M］. 上海：华东师范大学出版社，2020.9.

[24] 计静晨. 高中语文整本书阅读教学研究［M］. 长春：东北师范大学出版社，2020.04.

[25] 赵锝. 高中语文阅读教学的思考与实践［M］. 长春：吉林大学出版社，2020.03.

[26] 何立军. 高中语文读写结合教学研究［M］. 长春：吉林大学出版社，2020.

[27] 宋学婷. 高中语文教学内容的整合运用研究［M］. 长春：吉林人民出版社，2019.11.

[28] 王丽丽. 核心素养下的高中语文教学研究［M］. 延吉：延边大学出版社，2019.05.

[29] 肖培东. 语文教学艺术镜头高中［M］. 上海：上海教育出版社，2019.02.

[30] 何国跻，王亚生，陈姝睿. 高中语文有效教学系统构建［M］. 长春：吉林大学出版社，2019.04.